JN325842

変容する
社会と人間

実存のトポスを求めて

河上正秀・小林秀樹 編著

Human Society
and Modification

北樹出版

まえがき

「大切にしなければならないのは、ただ生きるということではなくて、よく生きるということなのだ」（プラトン『クリトン』48B）というプラトンの紹介するソクラテスの著名な言葉は、広く倫理をめぐる問いのもとで解されてきた。しかし、この「よく生きる」が問われる場面は、人間を取り巻いている社会環境と密接な関わりをもつと同時に、またそれによって規定されている。はたして、今を生きる私たちは、どのような場面でこの問いと向きあう必要に迫られているのだろうか。

現代の私たちの社会生活の実態にあっては、「よく生きる」の「よく」がひたすら生活の「便利さ（コンビニエンス）」や「効率性」の意味に傾斜しがちであることは、周知の現実である。たしかに、生活を合理化することは、「よく生きる」ために人間が生みだした一つの歴史的知恵であり、すでに私たちがその恩恵にあずかっていることに疑いはない。しかし、私たちを取り囲む現代の技術主義的かつ商業主義的環境は、人間的価値の「寄る辺なさ」を深刻化させるとともに、また生きる価値を支える基準を不透明にしているという点で、歴史的にも特に際立っていると言わざるをえない。それは一方で、これまで信じられてきた価値が必ずしも絶対的なものでないということが告発されてきた歴史的経緯ばかりではなく、近代的な人間観や個々の人生を支えてきた「大きな物語」が終焉したという事態とも呼応しているのである。

そこで私たちは、この生を位置づけ直し、新たに考察を始めるための地平を探索しなければならないのだろう。しかし、どこかに回帰しようにも、多元化した価値観のもとでは、社会における人間のあり方から自然との共存に至るまで、そこでの「あるべき」姿を見いだすことはきわめて困難になりつつある。また、やむを得ず、足下の経験を反省して再出発を図ろうとしても、経験の基盤である生活世界そのものが、すでに技術主義的に変容してしまっていることも多い。

では私たちはどこから探究を始めればよいのだろうか。

本書は、こうした状況を見すえながら、どこまでも倫理思想的な思索に立脚しながら、各人が変容してやまない現代的な社会に向きあって、私たち人間にとっての実存的なトポス（場所）を模索することを試みた論考である。

　以下、そうした問いに基づきながら、各章の内容を概略的に紹介しておきたい。
　第Ⅰ部「福祉社会と人間探究のフロンティア」では、多様に生活する人々が、安心して共に生きる社会を構築していくうえで必要な社会福祉や生命の問題に基づいて、その倫理的意義が考察される。
　第1章では、人口に膾炙されている「ノーマライゼーション」の理念が、その思想的意義において根底から再検討されるとともに、フェミニズムの立場からの平等批判、さらには従来否定的に捉えられてきた人間の依存関係をめぐって、それらの深層において考察が試みられる。それを通して、従来の平等が、あくまでも理性的な成人男性をモデルとして考えられてきたにすぎないこと、またその意味での近代的な主体概念を軸に、もっぱら人間関係がその対等な主体相互の関係とのみ見なされてきたことが批判的に検証される。第2章では、現代社会に深くかつ広く浸透してきているバリアフリーおよびユニバーサルデザインの理念と現実が紹介される。またそれを手がかりとして、共生社会の創出という問題を、個人のモラルの問題として捉えるだけでなく、社会的に多様な生を営む人々を想定しながら、そうした人々に配慮する倫理的な公共空間を、積極的に創出することの思想的かつ倫理的な重要性が摘出される。第3章は、薬物による人間の記憶への介入についての倫理的問題に基づきながら、薬物による治療が単にその範囲を超えるかたちで、たとえばエンハンスメントに用いられる際の危険性に警鐘を鳴らす。またこの視点を強調することを通して、そのことが人間のもつ共感能力を阻害し、他者への思いやりや責任感といった私たち人間にとって不可欠な諸概念にも影響を及ぼしかねない問題点についても考察する。
　第Ⅱ部「自由と自律のリアリティー」では、現代社会における自律性や主体

性さらには自由の意味の諸相をめぐって、倫理的なアプローチがさまざまな視点から展開される。

　第4章では、アイヒマン裁判に関する著名なアレントの論議等に基づきながら、主体的で自由なはずの自己が自律性を失い、いわゆる「空気」に流されることによって、他者に危害を与える決定をも行いかねない危険性をもつことについて考察が加えられる。メディアによる情報操作がさらに影響力を強める現代においては、「空気」に同調するのではなく、主体性を保持し、自律性を失わないことがきわめて重要な意義をもつ現状についても言及される。第5章では、本来十全な人間関係の交わりを基本としていた中世以降の大学教育をモデルとして、現代の大衆化した大学教育に対する批判的検討がなされている。大衆化とともに大学は、進学するのが当然のように考えられるようになり、また、大学のカリキュラムが、一定の力（学士力）を身につけるよう要請されたことで、学生がみずから主体的に学ぶ場であることが忘れられてきている。またヤスパースの大学論にも基づきながら、学生はもちろん教職員もまた、人格的な交わりのなかで自由に学ぶ、大学が本来もっていたあり方に立ち返る必要性が説かれる。第6章では、子どもに自由主義の価値観を教えることによる自家撞着をめぐり、子どもに対するパターナリズムの正当化は、自由主義の立場に立つかぎり困難であることの真相を明らかにする。他方では、現代の価値観を根底的に支える自由主義が、依存なしの自律がありえないことを隠蔽することによって成立しているという点で、自由主義のもつ逆説的な面も指摘されることになる。現代において、権利主体としての子どもをどのように考えるのかという問いは、依存と自律をどう考えるのかという第1章の課題にも通じる今日特に重要な問題点である。

　第Ⅲ部「技術と人間存在のコンフリクト」では、現代社会において技術と関わらざるをえない人間の実存的な葛藤の諸相をめぐって、倫理思想的考察が展開される。

　第7章では、ベルクソンの哲学を手がかりに、技術を行使する側の倫理について考察がなされている。技術者は自分の仕事に対して〈完成〉を判断する基

準をもつが、この基準こそが技術者の「誇り」であり、社会に対する責任を意味している。かくして技術者倫理の問題は、この「誇り」がもっている思想的根拠への探求へと深化することになり、ベルクソン哲学を通じて、所属する社会にあって単に知性的に「閉じこもる」ことなく、知性を超えた情動（愛の経験）の働きを通じ、他の社会にも「開かれた」責任のあり方が探求される。第8章では、一画家の事例に基づいて、その技芸と作品との応答を通して実存的方途を模索していく苦悩が詳細に紹介される。続いてその実存的な体験の経緯を、いわゆるオイディプス悲劇の内実と重ねて展開し、さらにはその内実をニーチェ思想における実証主義克服のなかに投影していく。科学技術が高度化複雑化し、人間の生命を危険にさらす力を有するなかで、それでもなお科学技術と共存し、生命や人間の尊厳性を守るための闘いが問われる。第9章では、社会に向けて、現在の不完全さは今後の進歩発展のなかで解消されるはずだとする科学技術推進の説明それ自体の意味が問われる。またその主張がもつ限界を指摘しながら、それでもなお技術と共存しなければならない私たちが、どのようにして科学技術の倫理性を判断できるのかが鋭利に考察される。科学技術へのわれわれの過信を再考し、たとえ確率が低くとも致命的なリスクのある技術は倫理的に認めるべきでないとする視点の重要性が提起される。第10章では、私たちによってすでに生きられている日常的な世界が、いかに技術によって構成された環境世界であるかについて再確認する。またさらにこの現実把握を通して、それに伴って生じてくる現実の社会生活における知覚のあり方の変容や人間相互の関係の変容への対応を再吟味することを思想的に問い返していく作業、さらには倫理的かつ実存的な生き方への問いのもつ意義が強調される。

　以上の諸論考は、およそ二年間にわたり哲学・倫理思想を専門とする研究者が、およそ二カ月に一度ほどのペースで、放送大学東京文京学習センターの一室をお借りしながら、発表と自由な討議を経る中でまとめてきた内実を核とする研究成果である。できるだけ各自の専門的立場を生かしつつも、それぞれの

視点から捉えられた今日の倫理的諸課題を、大学生や一般の教養人に理解してもらえるかたちで提示すること、またさらなる考察を深めるきっかけになるような内容を共通の基本とすることをどこまでも目指した。読者諸氏のご批判を請うばかりである。

　出版にあたっては、何よりもその機会を快く引き受けてくださった北樹出版代表取締役の木村哲也氏に心よりお礼申し上げたい。また編集部の福田千晶さんには、編集上多くのご無理と労をおかけしたことをお詫びいたします。

　　　2014年3月3日

　　　　　　　　　　　　　　　　　　　　　　編集者　河上　正秀
　　　　　　　　　　　　　　　　　　　　　　　　　　小林　秀樹

目　次

第Ⅰ部　福祉社会と人間探究のフロンティア

第1章　「共生」を語るための倫理
　　　　――ノーマライゼーションと平等をめぐる考察 …………………… 14

はじめに――目指される「共生社会」（14）

第1節　ノーマライゼーションの理念（16）

　1.「ノーマライゼーション」の言い換え？　2. ノーマライゼーションの父　3.「ノーマライゼーション」の意味　4. ベンクト・ニィリエによるノーマライゼーションの原理　5. スウェーデンにおける「ノーマライゼーション」の衰退　6. 日本における「ノーマライゼーション」概念　7. ノーマライゼーションがもつ意義

第2節　逃げていく平等（23）

　1. 女性と平等　2. キテイによる平等批判　3. 人間の条件としての「依存」　4. 依存労働と女性の従属　5. キテイの代替構想

結語にかえて――われわれは共生のための倫理をどのような主体から
　　　　　　　語りだせばよいか（29）

第2章　多様性に配慮する公共空間
　　　　――ユニバーサルデザイン社会が目指すもの ………………………… 33

はじめに（33）

第1節　「バリアフリー」と「ユニバーサルデザイン」（35）

　1. バリアフリー　2. ユニバーサルデザイン

第2節　相互関係、相互作用の理解と構築――障害者と健常者、技術と社会（39）

　1. 障害者についての意識　2. 技術と社会の相互性

第3節　ユニバーサルデザイン社会の共同形成（45）

　1. 特定の秘密をめぐる問題　2. 障害者に使いやすいもの

　　　　は、誰にとっても使いやすい

　　おわりに（48）

第3章　記憶への介入とエンハンスメント
　　　　――共感の役割を考える ……………………………………… 52

　　はじめに（52）

　　第1節　記憶への介入（53）

　　第2節　エンハンスメントと医療化の進行（55）

　　第3節　記憶の鈍麻と共感の喪失（58）

　　第4節　共感の道徳的役割――ヒューム、スミス、シェーラー（61）

　　第5節　良心の正しさと責任（66）

　　　　　　　　第Ⅱ部　自由と自律のリアリティー

第4章　「空気」を意識する
　　　　――日常性としての悪について考える ……………………… 72

　　はじめに（72）

　　第1節　アドルフ・アイヒマン――平凡なる悪（74）

　　第2節　日常性としての思考欠如（76）

　　第3節　アイヒマン実験の衝撃（78）

　　第4節　「空気」を読んで人を殺す（80）

　　第5節　空気の魔力（83）

　　第6節　「意見」表明の意味（86）

　　むすびにかえて（88）

第5章　大学生の変容と大学の理念 ………………………………… 92

　　第1節　ボローニャ大学の大学生たち（93）

　　　　1.「大学」という語　2.ボローニャ大学の大学生たち
　　　　3.大学生でいることの価値　4.大学を価値づける人格

　　第2節　ベルリン大学の大学生たちとフンボルトの大学の理念（98）

　　　　1.ベルリン大学の大学生たち　2.フンボルトの大学の理
　　　　念　3.大学の理念と現実の関係　4.大学の内的改革

目　次　9

第3節　ヤスパースにおける大学の理念（*105*）

　　　　1. ヤスパース哲学の基本的特徴　2. 大衆と実存　3. ヤスパースにおける大学の理念

お わ り に（*111*）

第6章　パターナリズムと子どもの自律／自由
　　　　──自由主義を教育するということ ································ *114*

は じ め に（*114*）

第1節　子どものパターナリズムが問題となる具体例（*115*）

第2節　現代の価値観──自由主義（*117*）

第3節　自由主義（リベラリズム）の概略（*118*）

第4節　「自由」概念の規定（*119*）

　　　　1. 消極的自由と積極的自由　2. 合理主義的自由と不合理主義的自由

第5節　パターナリズムの現代的な意味とその規定（*121*）

第6節　子どもに対するパターナリズムの問題点（*123*）

第7節　パターナリズムが問題となるいくつかの具体例（*126*）

第8節　パターナリズムを正当化するいくつかの説（*128*）

　　　　1. 自由意志を捨てる自由の禁止（ミル）　2. 自己破壊の禁止（ハート）　3. よきパターナリズムとあしきパターナリズム　4. 将来の自己への危害をとりのぞく

お わ り に（*131*）

第Ⅲ部　技術と人間存在のコンフリクト

第7章　技術者の「誇り」と「開かれていること」
　　　　──ベルクソン哲学を手がかりに ································ *136*

は じ め に（*136*）

第1節　技術者の「責任」は「誇り」に基づく（*137*）

　　　　1. 技術者の共同体は社会とどう関わるか　2. 技術者の「誇り」　3. 利害の対立と技術的・社会的な開発

第2節 「開かれる」ために必要な愛——ベルクソンにとっての「誇り」の根拠（140）

  1. 社会的義務は習慣のシステムである　2. 情動がもたらす「開かれていること」　3. 人類愛とは二重性を持つ創造的情動である

おわりに（149）

第8章　青木繁、『オイディプス王』にみる実存的変容とその意味
——内なる世界の苦力（クーリー）たち …………………… 152

第1節　青木繁にみる実存的変容（153）

  1. 画家への道　2. 上京　3. ほとばしる才気　4. 狂った歯車　5. 落日の日々　6. 最期の時

第2節　『オイディプス王』にみる実存的変容（162）

  1. 下された神託　2. 新たな神託　3. オイディプスの出自　4. オイディプスの悲劇と不条理

第3節　ニーチェ的視座による意味づけ（167）

  1. ニーチェの視座　2. 青木繁の呻吟、盲目のオイディプスの意味

第9章　科学の確かさの限界
——科学技術の是非を判断するために ………………………… 171

はじめに（171）

第1節　科学の正当性の思想的起源（172）

  1. 機械論的自然観　2. 操作対象としての自然

第2節　科学の限界（177）

  1. 科学の有限性　2. 方向を失った科学

第3節　科学の限界が技術の評価におよぼす影響——リスク論を例として（184）

  1. リスク評価と倫理　2. 確率とリスクの関係　3. 科学技術の判断におけるリスク評価の限界

おわりに（188）

第10章　知覚の変容と私たちの文化——在ることへの問い ……………… *192*

　第1節　間　と　対（*192*）

　第2節　ケータイのもつ二つの機能（*197*）

　　　1.言語の2面　2.5つの感覚　3.3K　4.視覚の優位

　第3節　技術の存在のありか（*201*）

　　　1.技術の中立論と非中立論　2.媒体（メディア）　3.技術への問い

　第4節　ネガがポジ化する文化（*206*）

　　　1.ゼロと1　2.ネガとポジ　3.「KY」の意味　4.むすびに代えて

　事項・人名索引 ………………………………………………………… *214*

第Ⅰ部
福祉社会と人間探究の フロンティア

1 「共生」を語るための倫理
ノーマライゼーションと平等をめぐる考察

　本章では、共生社会のありようや、共生社会を目指す上での倫理的課題についての理解を深めるために、まずはじめにノーマライゼーションの理念を取り上げ、この理念がどのような主張を含んでいるのか考察する。この考察からは、ノーマライゼーションが、これまで十分に考慮されてこなかった多様な存在者を含め、平等について等しく語りだす視点を提示していることが確認される。さらに、エヴァ・フェダー・キテイによる平等批判や「依存労働」をめぐる考察を見ることにより、理性的な成人男性をモデルとして平等を語る従来の視点が反省的にとらえ返され、互いに依存せざるをえないという人間の事実に基づいて、平等をとらえる視点が提示される。本章は、こうした視点変更を通じて、多様な人々と「共に生きる」ことについて再考を促すとともに、これからの「共生社会」のあり方について考察するための一つの視座を提供する試みである。

はじめに　――目指される「共生社会」

　誰もが安心して暮らせる社会を実現するために、「共生」という言葉がキーワードになっている。たとえば内閣府は、「国民一人ひとりが豊かな人間性を育み生きる力を身に付けていくとともに、国民皆で子どもや若者を育成・支援し、年齢や障害の有無等に関わりなく安全に安心して暮らせる『共生社会』の実現」を唱えている[1]。文部科学省もまた、「共生社会」を目指すべき社会としてあげ、その社会を「これまで必ずしも十分に社会参加できるような環境になかった障害者等が、積極的に参加・貢献していくことができる社会」とし、

「誰もが相互に人格と個性を尊重し支え合い、人々の多様な在り方を相互に認め合える全員参加型の社会」であるとしている[(2)]。

しかし、人々の多様性を認めつつ、人格を尊重して支え合い、一人ひとりを社会に参画する主体として等しく処遇すること、また、それを可能にする社会を構想することは容易ではない。先天的な資質や能力の差、生物学的性差、病気や事故などによる後天的不利益、また、生まれ落ちた環境や文化的背景など、各自が幸福を追求していく上で前提となる諸条件は多様であり、一様に語ることはできないからである。

だが、現代では少なからず事情が異なっている。これまで対等に処遇されてこなかった人々の声が聞かれるようになり、しかもそうした声が平等や正義をめぐる議論に反省を迫っているからである。そこで本論では、まず共生社会の指導的理念ともなっているノーマライゼーションの理念を取り上げ、この理念がどのような主張を含んでいるのかを考察する。この考察からは、ノーマライゼーションという用語が、問題をはらみつつも、どのような意味ですべての人を対等な人格として語ろうとしてきたのかが確認されるだろう。その考察をふまえた上で、さらにフェミニズムの立場から寄せられたエヴァ・フェダー・キテイによる平等批判および彼女の「依存労働」に関する考察を取り上げる。この考察からは、これまで男性社会の周縁に押しやられ自由や平等を享受できずにきた、ケアを必要とする者とケアする者とを、対等な存在者として包摂する視点が開かれるだろう。

両者を考察する本論の趣旨を平たく言えば、これまでの共生を語る主体の立ち位置をとらえ直し、共生について語るための新たな視点を切り開こうとする試みである。この視点変更を通じて、多様な人々と「共に生きる」ことについて再考を促すとともに、これからの「共生社会」のあり方について考察していくための一つの視座を提供できればと考える。

第1節　ノーマライゼーションの理念

1.「ノーマライゼーション」の言い換え？

　「ノーマライゼーション」を日本語で言い換えるとしたら、どのような言い換えが可能だろうか。国立国語研究所は、「ノーマライゼーション」という言葉が「これからの社会の重要な概念になる」とし、「概念の普及のためにも分かりやすい言い換えや説明が必要である」としている。その上でこの言葉の意味を「障害のある人も、一般社会で等しく普通に生活できるようにすること」とし、この言葉の言い換え語として「等生化」と「等しく生きる社会の実現」とを提案している[3]。

　しかし、「ノーマライゼーション」という言葉が意味する内実は、それほど明確でないように思われる。なぜなら、この言葉は、今や障害者だけでなく、高齢者や女性、さらには子どもをも含めて使用されるようになっているためである。たとえば、濱井修監修・小寺等編『改訂版　倫理用語集』(山川出版、2009年) では、ノーマライゼーションを「障害のある人もない人も、高齢者も児童も、男も女も、すべての人が同じ市民として地域社会で生きていけるように環境を整備し、すべての人が共生すること」と説明している。

　だが、よく考えてみれば、この説明は対象が拡大した分、誰の何をどうすることが「ノーマライズ」なのか明確ではない。あげられている人々は当然「市民」であるし、あげられた人々のほとんどが「地域社会で生きて」いるからである。

　この説明から分かることは、同じ市民として地域社会に生きていない人がいるということであり、その課題を達成するためには、「環境を整備」する必要があるということだけである。果たして多様な人々を包括する「等しく生きる社会」とは、いったいどのような社会のことを意味するのであろうか。そこで、現代における「ノーマライゼーション」という言葉の含意を明らかにするために、この理念の提唱者にさかのぼってたずねてみることにしよう。

2. ノーマライゼーションの父[4]

　ノーマライゼーションの理念をはじめに提唱したのは、デンマーク出身で「ノーマライゼーションの父」と呼ばれるニルス・エリク・バンク－ミケルセン（Neils Erik Bank-Mikkelsenn, 1919-1990）[5]である。第二次大戦後、社会省（厚生省）の知的障害福祉課に職を得た彼は、当時の知的障害児者の処遇改善を図る「親の会」の活動に共鳴し、親たちの願いが政策や法律として実現するよう、文書作成に協力することになる。

　当時のデンマークにおける知的障害児者への処遇は、大規模な施設での、隔離的また保護主義的な処遇であり、劣悪なものであった。さらに、当時はまだ優生学の影響があり、デンマークでも施設において知的障害児者に対する優生手術が行われていた。こうした現状に対し、親たちは、小規模の施設を自分たちが暮らす地域に作ることや、教育を受ける機会を保障することなどを求めていたのである。

　バンク－ミケルセンによれば、こうした処遇改善を言い表す言葉として、「ヒューマニゼーション」や「イークォリゼーション」という言葉が候補にあがったとされるが、最終的に「親の会の願いを一番よくあらわすもの」として「ノーマライゼーション」という言葉が選ばれた。そして、「知的障害者が、できるだけノーマルな生活を送れるようにする」ために、1959年に世界ではじめてノーマライゼーションを謳う法律（社会省令）が制定されることとなった。そしてこの思想は、60年代以降、スウェーデンその他の北欧諸国に広がり、その後、知的障害のみならず、障害をもつ人々への処遇や施策を基礎づける原理として、国際的に普及するに至るのである。

3.「ノーマライゼーション」の意味

　バンク－ミケルセンは、このノーマライゼーションについて、「いわゆるノーマルな人にすることを目的としているのではなく、その障害を共に受容することであり、彼らにノーマルな生活条件を提供すること」であると述べている[6]。この時、重視されていることは、手術によって視力を与えるというよう

に障害のない状態にするということではなく、あくまでも彼らの生活条件を通常のものにするということであった。バンク－ミケルセンは、「ノーマライゼーションとは、すべての人が当然持っている通常の生活を送る権利をできる限り保障する、という目標を一言で表したもの」であると述べている (155)。

こうした彼の言葉からは、大規模施設における知的障害者に対する処遇が、いかに同時代の一般的な生活から外れた非人間的なものであったかをうかがわせる。「ヒューマニゼーション」という言葉も検討されたように、バンク－ミケルセンや知的障害児者の親たちにとってのノーマライゼーションは、「人間は、人種の違いや障害の状態がどんなであっても、すべて平等なのだという、人間尊重の考え方」(193) のことなのであり、それゆえ「ノーマライゼーションとは、哲学的な難しいことではなく、『ごく当たり前のこと』という一語につきる」(193) のである。

しかし、知的障害児者への処遇に対して、一般の人の日常生活を対置しようと用いられた「ノーマル」という言葉は、誤解されることも多かった。バンク－ミケルセン自身がすでに強調していたことであるが、「ノーマライズ」という言葉は障害そのものを否定し、その治療や改善を目指す表現として誤解されることも多く、バンク－ミケルセン自身も悩まされたようである[7]。また、「ノーマルな生活条件」や「通常の生活」がどのようなものなのかについては、その自明性や多様性のゆえであろうか、バンク－ミケルセン自身が、具体的にその内実を示すことはなかった。それを具体的に示したのは、ノーマライゼーションの「育ての父」と言われるスウェーデン出身のベンクト・ニィリエ (Bengt Nirje 1924-2006) である。そこで、次にニィリエによるノーマライゼーションの原理を見ることにしよう。

4. ベンクト・ニィリエによるノーマライゼーションの原理

ベンクト・ニィリエは、スウェーデン知的障害児童・青少年・成人連盟 (FUB) の事務局長およびオンブズマンの座にあった1963年に、バンク－ミケルセンの尽力により成立した1959年のデンマークの法律に触れ、「ノーマライ

ゼーション」という言葉に出会ったとされる。彼は、その後のFUBにおける活動などを通じてノーマライゼーションの原理をさらに発展させ、1969年に「ノーマライゼーションの原理」を発表し、その後もこの理念の普及に尽力した。

ニィリエのノーマライゼーションの原理では、バンク‐ミケルセンが先鞭をつけた「ノーマルな生活条件」という原理が、8つの要素によって具体的に示される点が特徴的である。その内容は、通常の生活に認められる一日のうちのリズム、同じ様に一週間や一年のうちに認められるリズム、また、人生において遂げていく発達の機会、さらに、願望や選好の表現機会や自己決定の権利、恋愛や結婚など通常の性的関係を営む機会のある環境、生活を営む上で一定程度の経済的水準が確保されていることや、一般の人と同様に地域で暮らしていく際の生活環境などである[8]。

ニィリエのノーマライゼーションの原理は、施設における知的障害者の処遇改善に取り組む人々にとって、「人道主義的な価値観と知的障害者の権利を具体的に示すためのツール」として、また、施設を解体し、人道主義に沿ったものに改善するための「一つの武器」としての役目を果たしていた。そしてこの原理は、知的障害者たちへの政策決定において、また、職員教育におけるイデオロギーの指針として大きな意義をもっていた。その後、この原理は、知的障害者にかかわらず、一般的な意味での障害者政策分野の目標としても使用されるようになっていったのである。

5. スウェーデンにおける「ノーマライゼーション」の衰退

ところが、その後スウェーデンでは、「ノーマライゼーション」という言葉があまり使われなくなっていったという。ニィリエの同僚であったモーテン・スーデルによれば、1980年代の末には、原理の概念が調査や政策に関係する資料において利用される度合いは減少したとされる。

国連は、第31回総会において1981年を国際障害者年とし、〈完全参加と平等〉をスローガンに、すべての障害者が、社会一般の人々と対等に同等の権利

と機会を享有し、生活を共にしうる社会の実現を訴えた。彼によれば、スウェーデンにおいても、1993年の国連総会決議「障害者の機会均等化に関する基準規則」以降、「完全参画と平等」が、浸透していったという。彼によれば、「障害者政策の目標が前世紀の最後の10年ほどの間に、"統合"と"ノーマライゼーション"を強調することから、"参画、平等と自己決定"に変わっていった」というのである。

　彼は、この変遷の理由を3つの異なる視点から解釈している。1つ目は、ノーマライゼーションの原理に実質的な変化はないが、誤って解釈される危険性を回避するために、「ノーマライゼーション」という用語から距離が置かれたのだという解釈である。ノーマライゼーションという言葉は、生活条件ではなく障害者をノーマライズするものと誤解されやすく、そうした差別的、同化主義的な誤解を避けるために他の概念が求められていった。

　2つ目は、1980年代から1990年代にかけては、すでに入所施設は解体されてしまったか、その真っ最中であり、全般的な障害者政策が直面していた問題は、社会への主体的参画に移っており、エンパワーメント運動などの影響もあって、自分たちの経験を基礎としないノーマライゼーション原理に対し、障害者からの抵抗が生じてきたとする解釈である。

　そして3つ目は、従来の高福祉国家のトップダウン形式によるコントロールが、障害者自身によるボトムアップ形式のコントロールに変わったことによるものとする解釈である。すなわち「ノーマライゼーションの原理は、入所施設や同様な分離型処遇に対する一種の抗議という形で成文化されたもの」であり、時間の経過とともに地域に暮らすようになっていった障害者が、自治体に対して要請し交渉するという現在の問題をとらえるものではなくなってしまったという解釈である。

　こうした3つの解釈のうち、どれが最も正しい解釈であるかはここでの問題ではない。重視したいのは、ノーマライゼーションという言葉が誤解を招きやすく、また、障害者が地域社会で暮らすようになるにつれ、この言葉は一定の役割を終えたということであり、「社会参加」、「平等」、「自己決定」といった

言葉に取って代わられていったということである。

6. 日本における「ノーマライゼーション」概念

　では、日本においてはどうだろうか。立岩真也によれば、日本において「ノーマライゼーション」という言葉は、1970年代に使われ始め、1981年の国際障害者年の前後からよく知られる言葉になったという。しかし、日本の1970年代以降はむしろ施設が作られていく時期であり、スウェーデンとは事情が異なっていた。そのため、本来であればバンク－ミケルセンが直面した言葉をめぐる誤解や、施設処遇のあり方、また、自立支援のあり方などをめぐって厳しい議論が生ずるべきところであるが、立岩によれば、そうした議論は回避されながら、「普通にするという穏当な語感がよかったのか、表立っては誰にも反対されることのない言葉として普及することになった」とされる[9]。

　だが、この言葉が批判的検討もなされずに、今では高齢者や女性、さらに子どもも含めた対象に拡大されているところを見ると、「ノーマライゼーション」が、誰の何を「普通にする」ことなのか、あいまいなまま用いられている感は否めない。この言葉の出自をふまえた上で、現状における「ノーマライゼーション」の意味は、どのように考えることができるだろうか。

　これまでの考察からすれば、当初ノーマライゼーションとは、「通常の生活」を対置することで、施設における知的障害児者への処遇のあり方を批判し、その改善を目指すための理念であった。そのため生活条件を「ノーマライズ」する（普通にする）という表現も選ばれたのである。しかし、その後この理念が、障害のある人全般を対象としていったことからも分かるように、この理念の中心的な思想は、障害種別や障害の有無といった属性にかかわらず、あらゆる人が生活や人生の主体として、他の人と同じように生活する権利を保障されなければならないというところにあったと言える。

　この中心思想は、すでにスウェーデンの事情に見たように、障害者が地域社会で自立した生活を送ることを目指すにつれ、「ノーマライゼーション」という表現が、当初の意味で通用する機会を失っても、変わることなく含意されて

第1章 「共生」を語るための倫理　21

きた。そして「ノーマライゼーション」という表現に含意されるこの中心思想のゆえに、日常生活において主体性や権利を侵害されることの多い高齢者や女性、さらに子どもなどもまた、「ノーマライゼーション」の対象と見なされてきたのである。

したがって、現在の「ノーマライゼーション」は、障害や年齢や性別といった属性の相違にかかわらず、「すべての人が同じ市民として地域社会で生きていけるよう環境を整備し、すべての人が共生すること」を意味しうるのである。

7. ノーマライゼーションがもつ意義

しかし、このように考えてくると、ノーマライゼーションとは、現代において登場した新しい概念のようでありながら、結局のところ、従来からある平等の理念の徹底にすぎないようにも見える。いったいこの概念に新しさがあるとすれば、それはどのような点にあるのだろうか。この言葉が、これからの社会にとって重視されるべき価値を示しているとするなら、それはいったいどのようなものであろうか。

西洋倫理思想においては、理性的諸力を重視し、自律を重視する人格概念が中心となってきた。そして、この人格は自由な個人として、同時に権利や義務の主体とされ、道徳上の責任を引き受けるものとされてきた。そのため、障害や老い、性差や幼さなどの属性は、自立を困難にし、また自律した人格であることをも困難にすると考えられ、そのため、そうした属性は、その当事者を一方的に保護し、パターナリスティックに処遇する理由とされてきた。そして、その結果、障害者、高齢者、女性、子どもといった人々は、必ずしも道徳的に対等な地位をもつ人格として考慮されず、その処遇が差別的な扱いとなることもあったのである。このように、「平等」や「正義」は、もっぱら理性的な成人男性をモデルとして、またその立場から語られてきたのであり、それ以外の人々の立場から語られることは少なかったのである。

しかし、これに対して、ノーマライゼーションの理念では、障害や老いなど

の属性から生じる生きにくさを、その当事者である個人がになうべき問題とはしない。それは、むしろ社会の側が環境を整備することによって、すべての人を社会参加可能な対等な存在者として処遇するところからスタートしようとするのである[10]。

このようにノーマライゼーションの理念は、これまでの主体概念においては、議論の俎上に上ることがなかった人々をも含め、「誰の平等か」という問題について、等しく語りだす視点を提示しているのである。この点でノーマライゼーションの理念は、私たちが「共生社会」を論じる上で意義を持つと言えよう。ノーマライゼーションの理念が、あいまいさを持つにもかかわらず、現代社会における指導的理念のように受け取られているのは、この理念が障害者や高齢者も含めた多様な人々を対等な存在者として語る視点を提示しているためであり、その視点からこれからの社会のあり方や社会に参画する主体のとらえ方について、再考するという課題を私たちに突きつけているためなのである[11]。

第2節　逃げていく平等

1．女性と平等

これまでノーマライゼーションの理念が、いわゆる「社会的弱者」と呼ばれる人々をも含め、平等について等しく語りだす視点を提示していることを確認してきた。しかし、この理念を具体的に実現しようとすると、ただちに困難な課題が生じてくる。それは、各人の相違をふまえた上で、すべての人が通常の生活を行い、社会に参加することが可能となるようにするためには、何をどのように等しくすればよいかが問題になるからである。

これは「平等な処遇とはどのようなものか」という問題に関わるが、同時に「等しきは等しく扱うべし」という正義の理念に関わる問題でもある。そのため、この「何の平等か」という問題は、現代の正義論や政治理論において、共生社会を実現していく上で避けて通ることのできない大きな問題圏を形成して

いる。しかし、本論では、「誰の平等か」という問いをさらに問い深めるために、エヴァ・フェダー・キテイによって提起された平等批判について考察することにしたい。

　一般に平等の要求が満たされるということは、平等を要求する人々が、すでに既得権としてそれを持つ人々の集団に包摂されることを意味する。しかし、そうである以上、この時の平等の基準とは、すでに既得権階級にいる人々の価値観によって確立されたものに他ならない。

　そのため、キテイは、女性が要求している平等をあらためて問い直す。そして、「平等とは人間の基準として男性を想定するもの」(36)[12]であり、「このようにして、人間が男性（しかも特定の階級・人種の男性）として想定され、それが平等を掲げて闘われる事柄の多くの基盤となっている」(42)と述べる。結果として、社会通念となっている平等は、そのまま是認できるものとは言えず、フェミニストにとっては批判的に乗り越えなければならないものとなる。そして、それに代わる真の〈平等〉が実現されなければならないとされるのである。

2. キテイによる平等批判

　キテイは、男性が掌握してきた権利と特権に女性がアクセスできるようにすることで、女性を男性集団に包摂し、社会を平等者の集団としてとらえることの問題点を指摘する。キテイによれば「依存という現実と、依存者の世話をする女性の役割とを真剣に考えない限り、平等は私たちの手をすり抜けていく」(34)という。それはまず、子ども時代や老齢期、病気の時などに典型的なように、人間であれば不可避的に誰かの世話にならなければならないという、人間である以上不可欠な依存を見えなくする。

　キテイによれば、依存はしばしば、最も親密な人間のつながりの特徴であるが、社会を平等者の集団と考えることは、そうした依存のニーズとその世話を引き受けてきた女性の伝統的役割とを事実上あいまいにしてしまうとされる。さらにこうした平等の想定は、社会における相互行為の大部分が、対称的に位

置づけられた個人同士の間にあるのではないということをも見えにくくするとされるのである。

　一般に私たちは、自身を権利主体として尊重される自由で平等な個人と理解し、また社会や国家をそうした個人の集合体として理解している。しかし、キテイはそうした理解が、人間の存在にとって不可欠な「依存」というありようと意義、またその「依存」の世話をしてきたものの存在とを見過ごしていると主張するのである。キテイの重視する「依存」とはどのようなことを意味しているのか、詳しく見ていくことにしよう。

3. 人間の条件としての「依存」

　キテイは、「依存」を人間が生活していく上で否定しえない事実として、不可避のものであると指摘する。それは具体的には、乳幼児期の未発達な状態、生活に必要な機能を奪う病気や障害、そして老衰などにおいて、誰もが避けられずに生じる依存のことである。

　しかし、このような依存については、例外的にとらえられるのが一般的であろう。それは、障害はもちろん病気や老いでさえ、その到来には個人差があり、壮健な時からみれば、例外的なもしくは不運な事柄にうつるからである。そうした依存せざるをえない状態に悩まされる人もいるが、どれにもあまり悩まされることなく一生を終える人もいる。そのことを考え合わせれば、自立した個人として一生のほとんどを過ごしている人物にとって、他者に依存している状況は、あくまでも例外的で非本来的な事態として受け止められるだろうからである。

　しかしキテイによれば、「依存」は単に例外的な状況として済ませられるものではない。乳幼児期の依存も含めて考えれば、それらは程度の差こそあれ不可避であり、例外なくケアされることが必要となる点で、誰にとっても平等なものなのである。さらに注目すべきは、周囲の人間にとってこの「依存」が、満たされるべきニーズをもつ状態として、有無を言わせぬ力で迫ってくるということである。キテイは、「依存が社会的な通念や技術的制約によってどれほ

ど変化するかはともかく、まずは、依存者の脆弱さから一連の状況が生まれ、そのために誰かが必ず他者のニーズを満たさざるを得なくなることを理解しなければならない」(傍点引用者)(82)と述べ、人間の脆弱さに由来する「依存」が、ニーズを満たさざるを得なくなるような関わりを生じさせる点を積極的に評価しようとするのである。

　こうした「依存」せざるをえない事態は、すでに誰もが経てきたし、誰もがこれからも経なければならない。それは人間の生の事実であり、また生のありようであるとされる。このことからすれば、依存する必要のない個人が、相互に対称的に結ぶ関係性だけが人間のありようではないことになろう。キテイは、「依存を例外と見る考え方は、人間相互のつながりが、生存のためだけでなく、文化の発展それ自体のためにも重要であるということを忘れている」(82)と述べ、「依存」が、互いの生存を支えるために不可欠であるだけでなく、文化的な豊かさを生みだしてきた側面をも指摘し、「依存」に肯定的・積極的な意義を認めるのである。

4. 依存労働と女性の従属

　この「依存」には、すでに見たようにそのニーズに応答することを強いる側面がある。キテイはこの「依存者の世話をする仕事」を「依存労働 (dependency work)」と呼び、おもに女性が担わざるを得なかったこの依存労働に関する分析を行っている。

　この依存労働においては、単に依存者の生存や生活が維持されるだけではない。キテイは「仕事」がうまく果たされ、関係が満足なものである場合、依存労働が依存関係にある互いの絆を維持したり、あるいは依存労働自体が親密さや信頼といったつながりを生みだしたりするとしている。また、その仕事が経済的な交換をともなう場合でも、絆は維持され、依存労働者にとって、被保護者の安寧と成長が労働を遂行する上での一番の関心事であり、またそのことに対する責任を持ち続けるとしている。

　キテイがこのような「模範的事例」について述べるのは、この依存労働がう

まく果たされない場合もあるからであるが、基本的に依存労働は、親密さや信頼といった絆や、他者の安寧や成長への関心および責任を生みだすものとして評価されているのである。

　しかし、一方で、キテイがこの依存者の世話をする役割を「労働（work）」と呼んだのは、この役割が正当に評価されない現状に対する批判の意味が込められている。すでに見たように、「依存」がもつ特質からは、いったんその役割を負った依存労働者は、保護されるものへの責任を容易には放棄できない関係性に閉じ込められるのであった。そこでは親密さや信頼といった情緒的な絆が、喜びや充実を生む反面、自己の利益を追求する自由は制限されるか失われることになる。キテイはもっぱら女性が置かれてきたこうした事態について次のように述べている。

　　「啓蒙の理念は依存労働者としての女性の役割には手をつけない。リベラルな政治的・経済的理論の下では、公的空間は依然として自由で平等な、合理的に自己の利益を追求するものたちの領域である。その空間に入っても、依存労働者は被保護者への責任から解放されるわけではない。拘束されず、合理的に自己の利益を実現するという想定は、依存していない、自立的な（と思われている）労働者にとってのみ可能であり、被保護者への責任を主に担う依存労働者にとっては不可能である」（101）。

　こうしたキテイの分析によれば、すでに確認した権利主体として尊重される自由で平等な個人によって社会が構成されるという一般的理解は、実は先にみた依存労働を担う女性たちの実情をとらえていないことになる。キテイは、「女性はいったん子どもをもつと——婚内子か婚外子かにかかわらず——もはや以前のような個人ではない」（78）とさえ述べているが、キテイが「依存という現実と、依存者の世話をする女性の役割とを真剣に考えない限り、平等は私たちの手をすり抜けていく」と述べたのは、以上のような問題状況を述べたものだったのである。

5. キテイの代替構想──「私たちはみんな—等しく—お母さんの子どもである」

　キテイは以上の考察をふまえ、平等概念の作りかえを構想する。その際、彼女にインスピレーションを与えたのは、夕食の支度をし、食事の世話を終えてようやく食卓に着いた「私にだって、お母さんはいるんだけどね」という母親の言葉であった。キテイはこの言葉から「母もまたお母さんの子どもである」という母親の自己主張、権利要求の声を聞き取る。それは等しくケアされることを願う依存労働者の声なのであった。

　キテイは「私たちはみんな—等しく—お母さんの子どもである」という主張のなかに、現在の支配的な平等概念に代わるものを見ようとする。それは自由で平等な独立した個人から始める平等ではなく、ケア関係のつながりを人間の事実と見なし、そのつながりを基盤に据える平等の構想である。以下、長いがキテイから引用する。

> 「もし私たちが、個別の人格や、個として備わっている属性や理性、利害関心からではなく、ケアと配慮でつながっている人間同士の関係から考え始めるなら、私たちはこの関係を特徴づける共通性を考えることになる。そうすることで、これまで慣れ親しんできた個人にもとづく平等ではなく、つながりにもとづく平等の基盤が形成されるだろう。つながりにもとづく平等は、『平等な地位にある他の個人と等しく私に与えられるべき権利は何か？』については、問わない。そうではなく、問われるべきは次のことだ。『私に依存する人たちをケアし、そのニーズに応えながらも、私自身もよくケアされ、私のニーズが満たされるには、特定の関係にある他者に対する私の責任はどのようなものか、そして私への他者の責任はどのようなものか？』と」(79)。

　キテイが述べようとしているのは次のことであろう。避けられない「依存」において誰かにケアされざるをえず、また容易に放棄できない道徳的義務としてケアに関わらざるをえないわれわれは、その世代間的・同時代的ケア関係のつながりに生きている（また、生きざるをえない）という点で等しいのであり、つながりにもとづく〈平等〉を実現するためには、被保護者に対する依存労働者の責任だけでなく、その依存労働者をケアするという責任が、第三者である他

者にも求められるということである。

　こうしてキテイは支配的な社会理論、政治理論を方向づけし直す可能性を探っていくのだが、その妥当性および可能性についての考察は、「誰の平等か」という問いを問おうとする本論をこえる課題であり、論を改めなければならない。

結語にかえて　——われわれは共生のための倫理をどのような主体から語りだせばよいか

　本論では、ノーマライゼーションの理念、さらにキテイの平等批判および依存労働の分析を通じて、現代において共生を論ずる際に問題となる平等の視点について考察を試みてきた。

　ノーマライゼーションの理念の検討からは、その理念があいまいであるにもかかわらず、これまで十分に考慮されてこなかった障害者や高齢者など、多様な存在者をも含む平等の観点が提示されることを確認した。また、キテイの依存労働の分析からは、人間関係における不可避の事実すなわち「依存」を基礎として、従来の平等概念が批判されるとともに、依存労働に携わってきた女性が男性と同様の自由を持ちえず、その点でおそらく平等でもリベラルな個人でもなかったという指摘を確認し、新たな「つながりにもとづく」平等の構想をたどってきた。

　両者の考察が共通に問題にしていることは、これまでの理性的な成人男性をモデルとして主体をとらえる視点は、今を共に生きる多様な他者との共生や平等について語る際には不十分だということである。多様な人々が共に生きる社会の望ましいあり方を構想しようとする時、今や私たちは多様な背景を持つ人々の存在を等しく取り上げる必要があるし、その人々は孤立した主体ではなく、相互に支え合い、その支え合いを基盤として自立している。現代を生きる私たちは、共生のための倫理をいったいどのような主体から語りだせばよいのか、まずは多様な他者の声を注意深く聞きながら、考察を続けていく必要があるだろう。

(小林　秀樹)

【註】
（1）内閣府 HP、http://www8.cao.go.jp/souki/
（2）文部科学省 HP、
　　http://www.mext.go.jp/b_menu/shingi/chukyo/chukyo3/siryo/attach/1325884.htm
（3）国立国語研究所　「外来語」言い換え提案（第一回〜第四回　総集編）
　　http://www.ninjal.ac.jp/gairaigo/Teian3/Words/normalization.gen.html
（4）　以下、花村春樹『〈福祉 BOOKS ⑪〉「ノーマリゼーションの父」N.E. バンク - ミケルセン［増補改訂版］』ミネルヴァ書房、1998 による。引用については、頁数のみ本文中に記す。なお、花村はこの著書のなかで原語の発音に近い「ノーマリゼーション」という表記を用いているが、煩雑さを避けるため、慣用にしたがって変更し用語を統一した。
（5）「バンク - ミケルセン」という姓の表記法については、花村前掲書の［資料 3］（247 頁〜 250 頁）に従っている。
（6）Bank-Mikkelsen, N.E., 1978, Normalization. *FLASH on the Danish National Service for the Mentally Retarded II*, No.39, 1976.（中園康夫訳「ノーマリゼーションの原理」『四国学院大学論集』42 号、1978 年、146 頁。）
（7）「ノーマル」という言葉をめぐって、彼は次のように述べている。
　　「ノーマルという言葉、あるいはノーマルな状態とは、それぞれの国によって違いがあるでしょう。デンマークではノーマルな生活とは、ごく普通の当たり前の生活状態のことと受け取っており、なにか特別なこととは受け取っていません。／非常に大事なことは、その国で障害のない人が普通に生活している通常の状態と、障害がある人の生活状態とを可能な限り同じにすることで、知的な障害そのものをノーマルにするのではないのです。／ノーマルな人間というのは、どのような人のことか、私には分かりません。しかし障害のない人が普通に過ごしている通常の生活状態については分かります。私はそのことを言っているのです。」（190）
（8）ニィリエは次の 8 つをあげている。
　　1　ノーマルな一日のリズム
　　2　ノーマルな一週間のリズム
　　3　ノーマルな一年間のリズム
　　4　ノーマルなライフサイクル
　　5　ノーマルな自己決定の権利
　　6　生活している文化圏にふさわしいノーマルな性的生活のパターン
　　7　生活している国にふさわしいノーマルな経済的パターン

8　生活している社会におけるノーマルな環境面での要求
　　　例えば、ベンクト・ニィリエ『再考・ノーマライゼーションの原理　その広がりと現代的意義』現代書館、2008、112 頁を参照。
（9）立岩真也「ノーマライゼーション」『現代倫理学事典』弘文堂を参照。
（10）障害や老化による機能の衰えを否定的にではなく、価値中立的に語る語り方も研究されている。詳しくは、国際生活機能分類について述べたコラムを参照のこと。
（11）定藤丈弘「ノーマライゼーション」『福祉社会事典』弘文堂、800 頁参照。
　　　定藤は、ノーマライゼーションの理念から派生する社会的原理として、次の4つをあげている。1つは、能力主義による自由競争の結果生じる社会的不平等については、所得再分配政策、社会保障制度、社会福祉サービスなどにより、すべての国民の実質的平等保障を目指すこと。2つ目に、それゆえ生まれながらの能力の違いによる人間の序列化や不平等を差別としてとらえ、その状況の改善を目指すこと。3つ目に、最重度の障害者でも通常の地域生活が営めるようなラディカルな地域福祉思想の具現化を目指すこと。4つ目に、価値観の異なる少数者も互いの相違を誇りとしつつ相互に尊重し、多様性を認め合いつつ共生する地域社会の構築を目指すこと。このようにノーマライゼーションの具現化には、福祉国家理論の具体的な検討が必要となる。
（12）エヴァ・フェダー・キテイ『愛の労働あるいは依存とケアの正義論』白澤社、2010年、36 頁。以下、同様に引用ページについては本文中に記す。

【引用・参考文献】

花村春樹『〈福祉 BOOKS ⑪〉「ノーマリゼーションの父」N.E. バンク - ミケルセン［増補改訂版］』ミネルヴァ書房、1998。

ベンクト・ニィリエ『〔新訂版〕ノーマライゼーションの原理　普遍化と社会変革を求めて』現代書館、2004。

ベンクト・ニィリエ『再考・ノーマライゼーションの原理　その広がりと現代的意義』現代書館、2008。

河東田博『ノーマライゼーション原理とは何か　人権と共生の原理の探究』現代書館、2009。

エヴァ・フェダー・キテイ『愛の労働あるいは依存とケアの正義論』白澤社、2010。

エヴァ・フェダー・キテイ『ケアの倫理からはじめる正義論』白澤社、2011。

コラム:「障害」をとらえる視点——国際保健機構(WHO)による障害観

 「障害」という言葉は、医療の領域や社会福祉・障害者福祉の領域で用いられるが、この言葉をトータルに理解する上で参考になるのが WHO による分類モデルである。

 1980 年に WHO は国際障害分類(ICIDH = International Classification of Impairments, Disabilities and Handicaps)を発表し、「障害」を 3 つのレベルに分類してとらえる障害観を打ち出した。これによって、たとえば、病気や事故などにより生じた麻痺や四肢の欠損は、「機能・形態障害」(Impairment)とされ、それが原因で生活に必要な能力が低下した状態が「能力障害」(Disability)とされた。さらに、たとえば就職等で不利になるなど、先の二つの障害から生じる社会生活上の困難が「社会的不利」(Handicap)とされ、「障害」をめぐる問題領域を切り分けて論じることが可能になった。

 さらに WHO は、この ICIDH に対する批判や誤解をふまえた改定作業を行い、2001 年の総会で、一般に「国際生活機能分類」と呼ばれる「生活機能・障害・健康の国際分類(ICF = International Classification of Functioning, Disability and Health)」を採択した。その大きな特徴は、ICIDH に見られたように、障害のみを焦点化して論じる視点を取らないという点である。すなわち ICF においては、「人が生きること」全体を、生物レベル(「心身機能・構造」)、個人レベル(「活動」)、社会レベル(「参加」)からなる「生活機能 (Functioning)」としてとらえ、その人が置かれている環境や個性、さらには健康状態との相互作用のなかで、生活機能に困難が生じている状態を「障害 (Disability)」としてとらえ返すのである。このように ICF は、「障害の分類」ではなく、「生きることの全体像」を中立に語る「共通言語」として、「障害」のみならず、共生社会を生きる人間を考察する上でも大きな示唆を与えるものとなっている。

(参考文献:上田敏『ICF(国際生活機能分類)の理解と活用』きょうされん、2005)

2 多様性に配慮する公共空間
ユニバーサルデザイン社会が目指すもの

　アブノーマルな社会をノーマルにすること、「他者」や「多様性」を尊重する「共生社会」をつくること。この実現に向けて、日本では「バリアフリー」、およびその延長線上にある「ユニバーサルデザイン」が推進されている。

　倫理を考える際、個人のモラルや意識を主体的に向上させることも必要であるが、人間の倫理的な判断や行動に有効的に作用する環境の整備を考えることもまた必要である。倫理的な公共空間を模索し、その空間づくりに多様な人々が参加していけば、新たな人間関係の可能性が展開されるだろう。

　本章ではバリアフリーおよびユニバーサルデザインから、その意味するものを考察する。また、それに伴う障害者についての問題、技術と社会の相互関係を通して、多様な人々に公平に配慮した公共空間の展開を探る。

はじめに

　駅では最近、「利用者に優しい」構内を目指した改築が進められている。ここ数年、積極的にバリアフリー化に取り組んだ結果、たとえばエスカレーターやエレベーターなどが設置された駅は以前とくらべて増加している。また案内表示板は数ヵ国語(日本語と英語に加え、中国語、ハングル)表記で、サインやピクトグラム(絵文字)は大きく表示され、色使いも工夫されている。改札口も幅を広くすることで、車いすの人だけでなく、大きい荷物をかかえる利用客にも通りやすい配慮がなされ、安全面の配慮からホームドアの設置も増加している。

　このように、駅は以前と比べて高齢者や障害者にとって利用しやすくなりつつあるが、同時に健常者にも利用しやすくなっている。製品や環境の「アクセ

シビリティ（accessibility）」――利用しやすさ、接近しやすさの度合い――の向上は、駅以外の公共交通機関・施設でも同様で、多様な利用者のニーズに合わせた安全な設備やデザインが広がりつつある。

しかし、特に障害者にとっては利用しづらい空間が依然として多く、たとえば車いすで移動する際、はた目には何も悪くはないのに、すれ違う人たちに車いす利用者が「すみません」「すみません」と事あるごとに謝り、健常者に気をつかうのを見るにつけ、「アクセシビリティ」のさらなる向上が必要だと実感する。

日本におけるバリアフリー化は、1994（平成6）年の「ハートビル法」を皮切りとして、2000（平成12）年の「交通バリアフリー法」、そして以上の2つの法律を統合、拡充した2006（平成18）年の「バリアフリー新法」と、次々に制定されてきた法律によって促進されたという背景がある[1]。

「バリアフリー（Barrier free）」とはそもそも、障害のある人にとって「バリア（障壁）」となっているものを「取り除く」という設計思想である。そしてこの「バリアフリー」の延長線上にある設計思想が「ユニバーサルデザイン（Universal Design, UD）」である。「ユニバーサルデザイン」は、障害や能力の有無、年齢や性別の差異、言語や人種の違いを問わず、可能なかぎり「すべての」人々が公平に使えるよう、製品や施設、情報を設計していく思想である。

「バリアフリー新法」では、高齢者や障害者（身体障害だけでなく、知的障害、精神障害、発達障害を含む、すべての障害のある人）などが日常生活において利用する施設を中心としたバリアフリー化が目的とされている。しかし、それは障害者のみならず健常者にとっても「アクセシビリティ」の高い、つまり、可能なかぎりすべての人にとって「どこでも、誰でも、自由に、使いやすい」、ユニバーサルデザインの理念に基づいたバリアフリー化である。

「安心して移動できる社会」を目指した公共施設のバリアフリーおよびユニバーサルデザインの推進は、先にあげた法律が施行されたことで年々拡大、拡充しつつある。公共空間や環境を住みよいものへ変えていく。人々に心身両面から配慮した暮らしやすい社会や安心に暮らせる公共空間をつくる。これらのことは、お互いを配慮しあう意識を高めることにもつながるのである。

第1節 「バリアフリー」と「ユニバーサルデザイン」

　先にあげた「バリアフリー」や「ユニバーサルデザイン」は本来、建築分野の用語である。また、これら2つの違いは製品や施設の外見では判別できるものではない。重要なのは2つの設計の考え方の違いである。以下、2つの特徴についてそれぞれ示していきたい。

1. バリアフリー

　1995（平成7）年版の『障害者白書』によると、障害者を取り巻く障壁として、(1) 交通機関、建築物等における物理的な障壁、(2) 資格制限等における制度的な障壁、(3) 点字や手話サービスの欠如における文化・情報面の障壁、(4) 障害者を庇護されるべき存在として捉える等の意識上の障壁、以上の4つがあげられている。

　先ほど述べたように、バリアフリーとは、障害者にとって社会生活上のバリア（障壁）となるものを除去する、という考えである。たとえば、何かの入口に車いす利用者の通行の妨げとなる段差があれば、段差を除去することで通行をスムーズにするといったように、生活面でのバリアを除去し、生活環境の改善を行う。こうしたことが、心身ともに配慮された街づくり、そして障害者の自由な社会活動を可能にする平等な社会、すなわち「バリアフリー社会」に直結する。しかし、バリアフリーには大きく2つの問題がある。

(1)「点」のバリアフリーの克服

　第1の問題は、個々の建築物のみのバリアフリー（「点」のバリアフリー）を実現しても、そこへ移動する際に道路や交通機関（鉄道、バスなど）にバリアが多いと意味がないということである。障害者を排除せず、多様なニーズを志向する社会に対応するには、公共空間のつながりを意識したバリアフリーが必要である。そのため、移動を円滑にするためには、そうした移動の際のバリアを取り除き（「線」のバリアフリー）、そして誰もが暮らしやすいと感じるようにバリアフリー空間を広げることが必要とされる（「面」のバリアフリー）。

この問題に関しては、「交通バリアフリー法」の施行以降、克服されていく傾向にある。「点」から「線」、「面」へのバリアフリー化は、たとえば2001 (平成13) 年の『障害者白書のあらまし』で「ユニバーサルデザイン」のアプローチを取り入れたバリアフリー社会の実現がされている等、政府による取り組みもあり、交通機関などの移動手段のバリアフリー化として積極的に進められた。また、国土交通省が2005 (平成17) 年の『ユニバーサルデザイン政策大綱』でユニバーサルデザインの基本的な考え方や施策をとりまとめ、それが翌年の「バリアフリー新法」につなげられた。これにより、依然として残るバリアを取り除きつつ (バリアフリー)、もとからバリアをつくらないよう (ユニバーサルデザイン)、公共施設の整備や製品の開発がいっそう進められていった。

（2）「バリアの再生産」の問題

　第2の問題は、「障害者のために」と特別扱いし、バリアフリーを行った結果、皮肉にも「バリアの再生産」につながっているという問題であり、第1の問題より深刻である。

　この点について、建築士の川内美彦は、バリアフリー「として」、障害者の「ために」対応した事態が「障害者の強調・隠ぺい」につながり、結果として障害者への特別扱いの常識化、バリアの存在の容認へとつながっていることを指摘している。たとえば、階段の横にスロープを設けた際に「障害者マーク」をスロープ入口に表示した事例のように、「これは障害者専用のスロープなのだ」と、あからさまにそのスロープやそれを使用する障害者を際立たせることは、スロープが使いづらくなってしまう結果を招きかねない。また、たとえば駅における階段わきの特殊リフトも、使用場面がなかなか見られないこともあり、障害者が使用する際に乗客たちからの注目を浴びやすい。こうした「障害者の強調」を防ぐため、たとえば関係者以外立ち入れない通路に障害者を誘導して移動する方法もある。しかし、乗客たちからの注目を避けるためとはいえ、これでは売店での買い物など一般乗客には可能な体験が奪われてしまう。これでは「障害者の隠ぺい」である。川内はこうした「障害者の強調・隠ぺい」の繰り返しが「バリアの再生産」を招くとし、特別扱いによって注目を浴びてしまうようなバリアフリーを

障害者を「疎外」するものとして批判しているのである[2]。
　ここで特に問われているのは「意識上の障壁」である。この問題を放置すれば、バリアフリーの結果が皮肉にも、バリアの除去どころか、バリアの再生産につながるのである。
　このように単に「バリアフリー」を実行しても、結果として誰のためにもなっていないのは、もっぱら健常者の視点から障害者を特別扱いしてバリアフリー化が進められたことに原因がある。また、「バリアの再生産」は、「障害者なら何を望んでいるのか」という考えよりも、「障害者の側が努力して一般の人々に合わせればよいのだ」という考えが依然として強いことから生じるともいえるだろう。その上、バリアフリーを必要とするのは障害者だけではない。高齢者や子ども、外国人など、バリアフリーの対象者は多様であるはずである。もし、いわゆる健常者目線へと合わせるよう強制する考えを、障害者のみならず、多様なニーズに沿えない設備で困る人々（高齢者、妊婦、外国人、子どもなど）にも強いているのだとすれば、「主体的な〈自助努力〉ですべては解決すべき」という意識や「ひとごと」意識が幅を利かせたまま、しかしながらバリアフリーへの取り組みというポーズは表面上では維持されて、「バリアの再生産」が問題として認識されないまま続いてしまうおそれがある。そこで、川内も主張するように、その問題を克服するために推進される発想がユニバーサルデザインである。

2. ユニバーサルデザイン

　ユニバーサルデザインとは、バリアフリーと違い、あらかじめバリアをつくらないようにするという発想である。たとえば、段差が通行の妨げとなるものとして誰の目から見ても不要であるならば、最初からそうした段差をつくらないようにする、という発想である。

（1）「誰もが公平に」という発想

　ユニバーサルデザインは1980年代、建築家であるロン・メイス教授が提唱した設計思想である。メイス自身、子どもの時にポリオにかかり、酸素吸入のためのチューブを取りつけ、電動車いすを利用するという障害者であったが、

彼のこれまでの生活経験から、「障害者のため」だけの「バリアフリー」を批判し、「可能なかぎりすべての人々のため」の「ユニバーサルデザイン」を提唱した。それは、みんなに使いやすい、年齢や能力に関わりなくすべての人々に対して適合する製品のデザイン、誰でも公平に使用できることを目的としたデザインである。冒頭であげた駅の設備はそうしたデザインの一例である（なお、メイスらによって提唱されたユニバーサルデザインの原則についてはコラムを参照）。

ユニバーサルデザインの具体化は、ひとつの設備や機能それ自体を技術改良によって多様なニーズに応えることだけにとどまらない。ある目的のための設備や機能、手段の選択肢を増やすことも、多様なニーズへの応答として考えられる。たとえば、駅構内に階段、エスカレーター、エレベーターをそれぞれ設置し、昇降する手段の選択肢を増やすことで、利用者の多様なニーズに対応していく。そうすれば、障害者も昇降の際、特殊リフトではなく一般乗客と「共に」エレベーターを使うことで、障害が過度に強調されることもなくなる。多様な利用者と同じく、共に設備にアクセスできれば、「バリアの再生産」も解消に向かう。

「高齢化社会」へと今後ますます向かっていくことを考えれば、確かにバリアの除去（バリアフリー）は緊急を要する問題である。しかし、高齢者や障害者のみならず、「現在の時点では健常者（またはそう意識している者）」をも対象にした社会づくりのためには、「健常者」と「障害者」の区別に関係ない街づくり、また、あらかじめバリアをつくらない空間の創造——ユニバーサルデザイン社会——が求められる。それにともない、健常者にも「いつまでも自分が健常者であり続けるとは限らない」という意識が芽生えたならば、それがひいては他者を気づかう意識にもつながることになる。

（2）ユニバーサルデザインの課題

しかし、ユニバーサルデザインを実現するにはさまざまな課題も横たわっている。まず、ユニバーサルデザインが可能な条件、たとえば経済的条件や建築条件が整わないと実現は難しいということである。たとえば、駅構内に新たにエレベーターを設置しようとする際、既存の構造的制約によっては、たとえ製品や設備自体がユニバーサルデザインにおいて優れていても、設置は困難であ

ろう（たとえば、両方向に出入口を配したエレベーターを設置するには、その駅に設置できるだけの空間があるかが問題となる）。駅のホームドアも接触事故防止のために次々と導入されているが、技術改良も含め、展開としてはこれからである。

　また、ユニバーサルデザインを導入さえすればそれでよいのではない。公共空間におけるユニバーサルデザイン推進の本来の目的は、われわれの倫理的意識を変えていくことである。「弱者」を隔離した従来の構造に意識を向け、多様な人々と共生するには、そのことについて互いを承認し、理解しあうことが求められる。しかし、「自分の力ですればよい」等の意識が過剰になり、「ひとごと」として他者の問題に対して見て見ぬふりをしていけば、暮らしにくい社会を助長することへとつながるであろう。それゆえ、ユニバーサルデザイン導入後も利用者の満足度などについての「長期的な」事後評価、それに基づいたさらなる検討や改良を「持続する」という「時間」が必要である。

第2節　相互関係、相互作用の理解と構築　——障害者と健常者、技術と社会

1．障害者についての意識

（1）障害の定義

　ところで、バリアフリー・ユニバーサルデザイン推進は、「脱・健常者中心社会」への足がかりだとして、「健常者」とはいったい誰なのであろうか。「障害者ではない者」が「健常者」であるだろうし、それとは別に、理想像——たとえば「理性的で健康的な成人（男性）」——に当てはまる、もしくはそれに近い人が、社会の中心にいる「健常者」とも見なされるだろう。しかし、健常者のなかには、性別や人種、子どもと大人の別など、多種多様な特徴の組み合わせのタイプが存在するはずで、その多くは何かしらの不便を被って生活している。

　たとえば、最近では左利きが個性のひとつとして受け止められ、左利き用の製品（ハサミなど）も登場したが、以前は左利きは、場合によっては「しつけ」の名のもと、右利きへと矯正（強制）されたという（筆者も左利きである）。ここには、社会が右利き中心の社会であるがゆえに、「左利き」は異質なものと解

釈された歴史が横たわっている。現在では「個性」として捉えられる向きもあり、左利きに不便なことは少なくなってきているように感じられる。

　WHO（世界保健機関）は 1980 年に「国際障害分類」(ICIDH)を発表し、障害を、(1) 医学的レベルでの心身の「機能障害（インペアメント、impairment）」、(2) その結果としての生活上の「能力低下（ディスアビリティ、disability）」、そして、(3) その結果として、社会的な事柄(差別的・非配慮的な意識、ふるまい、制度とその運営、政策など) によって負わされる「社会的不利（ハンディキャップ、handicap）」の 3 つに区分した。こうして障害を階層化し、さまざまな次元で捉えていく観点は、2001 年に「生活機能・障害・健康の国際分類」(ICF)に引き継がれ、機能障害から「心身機能・構造」へ、能力障害から「活動」へ、社会的不利から「参加」へとそれぞれ用語が変わり、これらが障害された状態として、(1) は「機能・構造障害（impairment）」、(2) は「活動制限（activity limitation）」、(3) は「参加制約（participation restriction）」とそれぞれ捉え直された。

　また、1982 年に決議された国連の「障害者に関する世界行動計画」では、「ハンディキャップ」を「障害者と彼らを取り巻く環境との関係」とし、それは「他の市民が利用できる社会の種々のシステムに関し、障害者の利用を妨げる文化的、物理的又は社会的障壁に障害者が遭遇した時に生じる」としている。ハンディキャップは「他の人々と同等のレベルで社会生活に参加する機会が喪失または制約されること」を意味する。

　この国連の行動計画が発表されたまさにその時期（1980 年代）に、「健常者」中心の社会から脱し、どのような人とも共生できる社会の構築のてがかりとして「ユニバーサルデザイン」が提唱されたことは興味深い。

（2）企業の社会的責任

　「障害」か「個性」か、捉え方はその時代によってあいまいで、それゆえにさまざまな意識が問題の俎上に載せられる。現実には健常者には意識としてあがることもない障害者の叫びが依然として存在し、また、その叫びを聴きつつもどのようにすればよいか葛藤する健常者もいる。たとえば、障害者の家族など、とりわけ障害者に身近な者は、自分は障害者ではないという意識に「居心地の悪

さ」を感じることがあるという[3]。「近く」にいながらも、障害者を無力な人として配慮する対象と考える瞬間、かえって彼らの存在を隔離し、「遠ざけて」しまう、「ひとごと」にできない状況なのに、障害者をどうしても「上から目線」で見てしまうことが、「居心地の悪さ」を引き起こすのである。

このように「近く」にいるのに「遠ざけて」いる態度にみずから向きあうことができれば、そこから障害者の呼びかけに応答しようともがき、障害者に寄り添い、近づきたいという願いも生じるだろう。しかし、日常的に障害者に接するわけではない者は、障害者のためだけのバリアフリーによる「バリアの再生産」にいわば無意識に加担する可能性は大きい。

現在、不特定多数が利用する公共の施設には、「ハートビル法」などで身体障害者や高齢者のための駐車場の設置が必要とされている。しかし最近、設備や駐車場をいったん建設しながら、自治体の完了検査終了後にそれらを撤去し、改造した施設が問題となったように、違法と認識しながら、意図的に障害者軽視の対策をとっていた企業も存在している。これは「法律を表面的に守ればよい」といった意識が、新たなバリアを生産するという結果を引き起こす例である。守るべき法律をないがしろにしたという法的責任のみが問われているだけではない。特に現代では、バリアフリー社会の実現を「企業の社会的責任（Corporate Social Responsibility, CSR）」として認識しなければ、目先の利益を重視するあまり、長期的な利益や信用を失いかねない結果におちいる。

障害者にただ配慮すべきということではなく、健常者と同様の（自律的）存在として扱うことが健常者や企業には求められている。このように障害者への一連の対応が、社会にどのような影響を及ぼすのかを考えず、また法律をないがしろにすれば、倫理的な公共空間を構築する試みも無意味となる。

（3）「〜へと関わる存在」としてのわれわれ

自己決定権、自律の尊重に基づいた自由な行為選択が進むことで、いわゆる個人主義も進んでいる。また、自分のしたいことの選択肢が増え、そのための時間に追われると、さまざまなことを外部へ依存、委託する状況が発生する。たとえば、家事労働を製品に委託し（掃除ならば、ほうきから掃除機へ、そしてロボ

ット掃除機へと、人の手から離れていく)、住宅の防犯を専門家に委託する。昔ならば自分でできたことも、(お金があれば)自分以外の者(モノ)に任せられるようになったことは、人々をますます孤立させ、自助努力をますます奨励し、「お互いに配慮する」機会を奪いかねない様相を呈しているともいえる。

　ハイデガー(M. Heidegger, 1889-1976)は、われわれの在り方を「世界内存在(In-der-Welt-sein)」と規定したが、その意味するものは、人間の存在が身の周り(道具)との関わり、他者との関わり、そして自分自身との関わりから成り立っているということである。有意義な道具連関やネットワークの総体が「世界」であり、そのような世界の内に人々は「住み」、「慣れ親しんでいる」[4]。ところが、人間と世界が互いに独立した実体のように見なされ、もっぱら自分の世界に閉じこもってしまえば、また自分がいるかぎり世界(さまざまな関係)もあることや、自分の見えないところで実はあらゆる事柄とつながっていることへの理解がますます薄れていけば、人々の孤立はますます進み、なおさら個人の「エンパワメント(empowerment)」——個人が力をつけて、自分の生活や環境をコントロールすること——ばかりが着目されるようになっていくであろう。どれほど自分の空間(世界)に入っていても、公共的な空間をどのように構築するかは、「世界の内に存在する」すべての人に向けられた問いとしてあり続けるのである。

　バリアフリーやユニバーサルデザインの推進によって、公共空間の側から人々の心身に配慮することは、「多様な人々への関係に〈開かれて〉いる」ことへ人々の目を「開かせる」ことにつながっている。また、ハイデガーも指摘しているように、さまざまな道具や設備には、世界の内に生活している人々への構成的な指示がひそんでいる。たとえば衣服がさまざまなサイズに裁断されているということは、それを着る人々への指示がひそんでいるということである[5]。製品を作る人、運ぶ人、売る人、見る人、買う人、着る人などの関わりが、製品を通して見えてくる。そうだとすると、ユニバーサルデザインの製品や設備には、特定の使用者——たとえば健常者——ではなく、可能なかぎり多くのあらゆる使用者への指示がひそんでいることが求められるだろう。

　ところでユニバーサルデザインが目指すいつでも、どこでも、誰にでも開か

れた社会の実現のためには、技術の関与は欠かせない。そこで、技術と社会の関係について、以下で技術哲学のアプローチからいくつか見ていきたい。

2. 技術と社会の相互性
(1) 社会構成主義

技術そのものがさまざまな要因に「開かれた」ものとして考えるという観点から捉え、従来の一方的な決定論に対抗したという点で、まずは「社会構成主義（技術の社会的構成）」の考え方があげられる。

技術と社会の関係については、技術が開発されたから社会構造が変化した、または、社会的要請に基づいて、つまりわれわれが望んだ結果として技術が開発された、とする決定論的見解がある。これらに対し、社会と技術は互いに作用しあい、構成されていった、と見なすのが社会構成主義である。すなわち技術の実現は、ある技術的発想があってそれをそのまま実現することではなく、技術の実現や受容の過程には技術的要因のみならず、社会的・政治的要因、文化的要因などがそのつど相互に絡みあっているとする。

たとえば社会学者であるピンチとバイカーが自転車の技術史で明らかにしているように、以前の自転車には現在の前後輪同サイズのタイプのほかに、前輪が後輪の数倍大きい形をしたタイプ（ハイホイール車）があって、それはスピードに優れていたという。それが、ハイホイール車ではなく現タイプの自転車が受け入れられたのは、そこに至るまでにさまざまな要因がからんだ結果によるものである。これは別の視点から見るならば、昔の自転車は、スポーツ用としてスピードを重視するのか、それとも日常生活用、輸送用として安全性を重視するのかなど、さまざまな要因（意味、価値、技術的要因、社会的要因、有用性といった）に対する多義的な「解釈の柔軟性」に「開かれて」いたということである。スピードよりも安全性が人々にとって求められていった結果、日常的な使用にも適した安定性のある現タイプの自転車が定着したのである。したがって、「技術の社会的構成」という観点からすれば、技術と社会（人々）は、製品や出来事、そしてそれに関係するグループの人々の関係を通して、互いに構成

しあい、変化、発展するのである。現在の自転車においては「安全性」を欲する人々（技術者や利用者）の声が勝り、それが形となって反映され、社会へ浸透したのである。

(2) アクターネットワーク

これに関連して、もうひとつ触れておきたいのが「アクターネットワーク」理論である。この理論は、「人間」が「道具（製品、モノ）」を扱うという一方的関係ではなく、「人間」と「道具」をいずれも「アクター（アクタン、行為者）」として解釈し、それらの相互作用によって形成されるネットワークに基づいて、社会の事象を説明するものである。たとえば、車の左側通行という秩序が守られているのは、「左側通行を守りましょう」といった規則を人々が受け入れて行動するから、と考え（がちであ）るが、それだけでは規則はしばしば破られる。そこで、道路に中央分離帯を（アクターとして）設けるなど、物理的側面から運転手が左側通行をせざるをえないようにして、左側通行という秩序を形成するのである。このように、社会が安定している理由は、法律や道徳慣習などの社会規範を人々が主体的に守るだけでは説明できない。つまり、左側通行をするということには、人間という「アクター」だけでなく、標識や道具、機械等も、左側通行を守るという社会秩序に必要な共同の「アクター」として関わっており、それらの有意義的なネットワークによって左側通行が成立するのである。一見すれば当たり前に思えることであるが、それはさまざまなアクターのネットワークがあまりにも日常性に溶けこんで、有効に働いている証拠である（そして、次節で見るように問題もある）。

倫理的秩序は、確かにわれわれの主体的な倫理的意識の向上を問わねばならない。しかし、その意識ばかりを問うだけではなく、そうした共同の「アクター」の必要性にも目を向けるべきである。秩序はただ個々の倫理的意識の高さのみで維持されるのでない。そこには、その意識を行動に移せる環境が、まさにわれわれに倫理的な力を引きださせてくれる「アクター」の整備が必要とされる。——以上のことを「アクターネットワーク」理論は教えてくれている。そして、そのネットワークが可能なかぎりすべての人に有効であるためには、使用者も、製作者とともに

そうした有意義なネットワークおよび環境形成に参加することが求められる。

第3節　ユニバーサルデザイン社会の共同形成

1．特定の秘密をめぐる問題
（1）意図的な設計

　ところで、製品や道具とは「〜としての製品」として解釈され、それがわれわれに定着すればするほど、製品や技術は世界に有意義な存在として定着する。しかし、その解釈が固定化し、常識化していけば、仕方がないとはいえ、それによって「どうして・どのように機能する（していた）のか」ということが意識に上ることはなくなる。製品の多くは、一般の人々にはどのような機能が内部で働いているかは見えないようになっている（ブラックボックス化）。製品の機能や構造が複雑になれば、なおさらそうである。特に「ある一定の人たち」にのみ有効に機能が働いている場合は問題である。

　過去を振り返れば、人々に見えないように、時として製品が「政治的行為者」となる場合は多々存在していた。つまり、製品のなかには、どのような目的でつくられたのかは人々には分からないように、ある目的（「特定の人々」への差別、排除など）で設計、製作されたものもある。ここでの「特定の人々」は人種、職業、ジェンダー、年齢、障害・病気の有無などの観点から、さまざまあげることができるが、生活がふつうに営まれれば営まれるほど、その目的はある多数者層または支配者層すらも気づくことなく遂行される。

　ウィナーは、建築、都市計画、公共施設の歴史をみると、明確な、または暗黙の政治的目的を伴った物理的配置が採用されたこと、また、社会的、政治的意味が製品に外付けされたのではなく、表向きの目的の陰に隠れて製品の構造と機能自体のなかに組み込まれてきたことで、「特定の人々」が差別・排除されたことを指摘している[6]。

　たとえば、20世紀なかば、ニューヨーク市ロングアイランドの公園道路の上にかかる陸橋は、高さ制限を大変低くすることで、公共の交通機関である大型バスが（車高が高いために）公園道路を通過できないようになっていた。なぜ

なら、この陸橋の設計者が、低所得者層や黒人（彼らはふつうバスで移動していた）を自分の作った公園道路、そして公園から排除することを意図して設計していたからである。この陸橋の下を通過可能な自動車を所有する白人のためにその意図が機能したわけである。また、その意図の遂行のため、公園への鉄道の敷設についても、（黒人もそれにより移動できるために）その設計者は拒否していたとされる。これは建築物で社会的な差別が体現された一例である。

また、1880年代、アメリカのある刈り取り機メーカーで、非熟練工にも使用できる新しい製造機械を工場に導入した目的が、実は当時強力になった熟練工の労働組合に対抗するためだった、という事例もある。この機械の導入によって生産コストはむしろ上昇し、しかも品質も以前より劣る製品が製造されたという。機械は導入の3年後には廃棄されたが、それはすでに組合をつぶす目的が達成できたからである。これは技術変化のなかには「他者に対する支配を得たいという動機」もあることの一例である。

（2）「知る」ということ

一定の技術と政治的性質の関係についてのこれら2つの例は、社会の変化、設計の変更、技術の改良などで（隠された）意図や目的を克服できるだろう。しかし、表立って目立つことなく、技術がいわば「行為者」として差別や迫害を遂行した。また、（われわれの目からすれば容認しがたい）目的を達成したとたん、なかには差別や迫害の証拠であるこの政治的「行為者」がわれわれの前から姿を消してしまうこともあるのだということを、われわれに教えてくれる。

一定の解釈を得た技術や製品は、普通に使用すればするほど、なじめばなじむほど、不便を感じないかぎり、その有用性は意識に上ることはない。このようなブラックボックス化を防ぐには、どのような要因で、どのような経緯で製品となったのかを、使用者側が必要に応じて知ることである。それによってはじめて、技術や製品にともなう不便さを感じとれるかどうか、そして人々がその不便さを解消しようと、新たな技術の実現過程に参加することができるかどうか、継続的に評価していけるかが可能になる。

障害者のためだけの「バリアフリー」が障害者の自由度をせばめているのは、

その設備や製品の目的を決定づける要因として考慮しなくてはならないはずの使用者、特に障害者や高齢者の意見が反映されないからである。ユニバーサルデザイン社会の推進に、製作者（設計者）と使用者とが相互にコミュニケーションをとりあい、とくに健常者以外の多様な人々の意向をデザインに取り入れることが求められるのは、可能なかぎりすべての人々にとって有益だからである。

2. 障害者に使いやすいものは、誰にとっても使いやすい
（1）役割の固定化をくずす

デザイン設計への参加に関しては、ユニバーサルデザインの設計思想以前に、1960年代のスカンジナビアの国々で発祥した「参加型デザイン」がその先駆けとして存在する。これは、使用者が製品の開発過程に積極的に参加し、そのニーズや使いやすさをチェックしながら、デザインを考えるという手法をとるものである。こうした積極的な参加の活性化は、「健常者」と「障害者」、「設計者」と「使用者」、それぞれが互いに話を聴き、それに応答していく機会を生み、互いの視点も考慮しつつ、ニーズを模索でき、それを製品として反映させていけるメリットがある。こうした共同作業をふまえて製品化されたものは、特定の政治的意図も排除された、まさしく倫理的意識を高める「アクター」として機能する。これはまた、使用者は使用者として、製作者は製作者として役割が固定されるのではなく、製作者が使用者として、使用者が製作者として役割を変えることになり、誰もが使用者の対象となる製品を設計できるメリットがある。

制作者と使用者が区別されることによる役割の固定化は、製品や設備に求められる機能が適応しない原因となり、それが新たなバリアとなる。多くの人々と共同で「公共空間」をデザインしていくことは、製品と街づくりとでは勝手が違うところはあるものの、特定の意図が入り込むことを最小限にし、バリアの（物理的、意識的）再生産を防ぐことにつながる。

（2）駅の復興

冒頭であげた駅のユニバーサルデザインの代表的な例として、阪急電鉄の伊

丹駅がある。1995年の阪神・淡路大震災によって被災した駅を再建する際、動いたのが身体障害者や高齢者の団体である。それにより多くの市民が加われる整備検討委員会が発足し、活発な議論が交わされることとなった。この議論の傍聴者も多かったといい、市民がこのように設計の過程に参加し、完成した駅は、車いす対応型のエレベーター、車いすでも通過できる自動改札、そこからプラットホームへと続く緩やかなスロープなど、それらをどこに設置・配置するかも含め、障害者や高齢者の希望が、そして利用する主体である市民の意向が反映されたものとなった。ユニバーサルデザインの先駆けとなった伊丹駅は、震災という出来事がひとつの契機となって、あらゆる人々に配慮した駅として生まれ変わり、そして事後評価などの「継続的」なチェックも行われて、現在に至っている。

　このように使用者の「公平性」は、健常者や障害者が相互に意見を述べあい、それによってそれぞれの見方を変化させる可能性が「開かれて」いることから生じるといえよう。その意味で議論に「参加することに意義がある」。また健常者にとっては特に、身近な存在として障害者に出会う機会であり、障害者も中心となってみずからの意見を言える機会である。設備を設置するだけが「公共空間」の構築の完成ではない。どのようなものが完成し、世のなかで機能していくのか、市民のニーズを満たすべく、議論を重ねて、設計に改良を重ねていくという共同作業そのもの、その継続そのものが、それ自体「公共空間」の構築である。時代が変われば多様なニーズも変化する。そのため、さらなる改良のために「継続的に」話しあうことも必要である。

　ユニバーサルデザインに基づいた製品や設備から見えてくるのは、お互いを配慮していきたいと望む人々の姿であり、その人々の思いが製品や設備のデザインを通して、他の人々に影響を与え、「公共空間」をよりよい方向へ変えていくのである。

おわりに

「ノーマライゼーション (normalization)」という言葉のもと、高齢者や障害者

などを隔離せず、健常者と一緒に助けあいながら暮らしていく社会を正常とする考え方が叫ばれてもなお、障害者を障害者としているのは、近現代社会の機能性志向に原因があるのかもしれない。通常のニーズ以外の機能すらも使いこなせ、健康でいるうちは——技術が自律的な存在のごとく、われわれを追い立てているという感覚もないうちは——、みずからが「高齢者」または「障害者」の存在となりうることに目を向けず、安心していられるだろう。その安心感もあって、障害者や高齢者の目線に合わせるよりも、彼らに健常者の目線へ合わせることを強いるかもしれない。

　これは、日常空間を「内」（家、職場など）と「外」（いわゆる自然環境など）に分けて、「自分に関係あること／ないこと」を区別することにも関連する。しかし、エラードの指摘のように、そうした「内」と「外」とに設定したとたん、「内」と「外」を再び結びつけることは困難となる。「内」の空間と「外」の空間に大きな隔たりを設ければ、たとえば地球環境が激変しても、切迫した問題として理解することを妨げてしまう[7]。つまりそうした設定は、われわれがほとんどの時間を過ごす「内」の空間と、環境問題の横たわる「外」とは何の関係もないように振る舞うことを容易にする。そして、それが習慣化され、持続化していくと、「内」と「外」とは何の関係もないどころか、関係しあっているにもかかわらず、「内」と「外」の隔たりが意識の上では解消できない結果となる。

　それにもかかわらず、意識上で「内」と「外」に空間を分ける動きはますます加速しているようである（インターネット技術の普及がそれを加速化、複雑化させているかもしれない）。社会で多様なニーズや選択肢が求められる現在、こうした「内」と「外」の設定の営みが強くなれば、人々はますます「公共空間」に関心を寄せなくなり、身近な出来事すらも「外」の出来事と見なし、多様な人々と対話する機会をみずから失うこととなるだろう。そうなればバリアフリーおよびユニバーサルデザインを推進することで達成される暮らしやすい社会は遠いままである。そして、公共空間から疎外され、それによって被るリスクは、われわれにはね返ることになる。

誰もが利用しやすい公共空間の構築のため、お互いがバリアやそのリスクを考え、理解し、それを「形」にする。ユニバーサルデザインはそうした誰にとっても精神的、身体的に配慮された共生的社会をつくっていくために、そして多様な人々の出会いに新たな展開をもたらすために、「継続的に」推進されるべきなのである。

（魚谷　雅広）

【註】
（1）「ハートビル法」は正式には「高齢者、身体障害者等が円滑に利用できる特定建築物の建築の促進に関する法律」、「交通バリアフリー法」は「高齢者、身体障害者などの公共交通機関を利用した移動の円滑化の促進に関する法律」、「バリアフリー新法」は「高齢者、障害者等の移動等の円滑化の促進に関する法律」である。
（2）川内美彦『ユニバーサル・デザイン　バリアフリーへの問いかけ』、学芸出版社、2001年、21-23、26-31頁。
（3）この点については、橋本眞奈美「障害者介助にみる「社会モデル」の可能性─障害者が介助を利用するときの呼びかけと応答の関係」、堀正嗣編『共生の障害学　排除と隔離を超えて』、明石書店、2012年、101頁参照。
（4）「世界内存在」については、M・ハイデガー『存在と時間』〈1〉（原佑、渡邊二郎訳）、中公クラシックス、2003年、135頁以下参照。
（5）同書、182頁。
（6）L・ウィナー『鯨と原子炉　技術の限界を求めて』（吉岡斉・若松征男訳）、紀伊國屋書店、2000年、50-54頁。
（7）C・エラード『イマココ　渡り鳥からグーグル・アースまで、空間認知の科学』（渡会圭子訳）、早川書房、2010年、267頁。

【引用・参考文献】
L・ウィナー『鯨と原子炉　技術の限界を求めて』（吉岡斉・若松征男訳）、紀伊國屋書店、2000年。
C・エラード『イマココ　渡り鳥からグーグル・アースまで、空間認知の科学』（渡会圭子訳）、早川書房、2010年。
川内美彦『ユニバーサル・デザイン　バリアフリーへの問いかけ』、学芸出版社、2001年。
齊藤了文・坂下浩司編『はじめての工学倫理（第3版）』、昭和堂、2014年。
菅野盾樹『人間学とは何か』、産業図書、1999年。
中川聰『ユニバーサルデザインの教科書　増補改訂版』、日経BP社、2005年。

M・ハイデガー『存在と時間』(原佑、渡邊二郎訳)、中公クラシックス全3巻、2003年。
堀正嗣編『共生の障害学　排除と隔離を超えて』、明石書店、2012年。
村田純一『技術の哲学』、岩波書店、2009年。
Bijker, W., Hughes, T., & Pinch, T. (eds.), *The Social Construction of Technological Systems: New Directions in the Sociology and History of Technology*. Cambridge, Massachusetts, The MIT Press, 1987.

コラム：「ユニバーサルデザイン」の7原則

　メイスを含めた専門家たちはユニバーサルデザインの原則を以下のように設定している。
　(1)　どんな人でも公平に使えること
　(2)　使う上で自由度・柔軟性が高いこと
　(3)　使い方が簡単で、すぐに分かること
　(4)　必要な情報が感覚で分かること
　(5)　うっかりミスが危険につながらないこと
　(6)　身体への負担がかかりづらいこと（疲労を最小限にすること）
　(7)　接近しやすい、利用しやすい十分な大きさと空間を確保すること
　ユニバーサルデザインのこれら7原則はすべて満たさなくともよい。また、これらの原則以外に注目すべき特徴（価格、持続性、美しさ、環境への配慮など）を提唱する専門家もいる。しかしながら、これらの原則の根底にあるのは、主に健常者の視点でデザインを描くのではなく、障害者の視点でデザインを描くことであり、そして「障害者にも使いやすいものは健常者にも使いやすいものである」という考えを形にすることである。
　日本は「超」少子高齢化に向かっている。そのためにも、誰でも、いつでも、どこでも、利用しやすい設備や製品が求められている。現在、製品メーカーや国や公共自治体の多くが上記の7原則を取り上げ、理念としている。また、これらの原則を製品のみならず、利用者や使用者の生活やコミュニケーションの場面で取り入れる試みもある。世のなかにはさまざまなユニバーサルデザインが広がっているので（自動販売機、スマートフォン、容器など）、まずは具体的にどのようなものがあるのか、探して、見つけて、体験してみよう。

3 記憶への介入とエンハンスメント

共感の役割を考える

　心の治療に、薬物が用いられることは多い。PTSDの治療薬として研究途上のプロプラノロールは、原因となる記憶を鈍らせ感情を低下させることで、治療効果を期待するものである。しかし薬物による記憶介入には、①病気の治療でなく不安の解消目的など、拡大した使用の可能性がある（エンハンスメント）、②治療薬として使用した場合でも、記憶や感情の変容が世界の実情を把握することから遠ざけ、社会が患者に共感したり、患者自身が同様の経験をした他者に共感をいだくことを疎外してしまう、という懸念がある。

　共感の重要な役割は、自分の直接的な経験を超えて物事を了解し、新たな世界認識を構築することであり、その中で自他を区別なく等価に捉えることが可能になる。他者の訴えを真摯に聴き対話することで、良心もはぐくまれる。だが薬物による記憶の鈍麻は、患者自身の"訴える声"を失わせてしまうのではないだろうか。

はじめに

　日本でも広く知られるようになったPTSD(外傷後ストレス障害)は、1980年に米国精神医学会が不安障害の一種として認定して以来、原因究明と治療法の確立が急がれてきた。事故や犯罪の被害者をはじめ、その周囲の関係者や大規模災害で救助にあたった人々などを対象に、PTSDの適切な治療のほか、PTSDを発症しないための事前のケアなどが、最近は大きな関心を呼んでいる。

　PTSDの主な治療法としては、行動療法[1]、心理的デブリーフィング[2]などのほかに、薬物を使用した治療手法がある。治療にあたっては上記のような方法を

複数組み合わせて行うのが一般的だが、薬物療法を行う場合、これまで中心的な役割を果たしてきたのはSSRI（選択的セロトニン再吸収阻害剤）である。うつ病治療にも用いられるパキシルのようなSSRIは、比較的副作用の少ない気分明朗剤とされており、PTSDに対しても2～5週間程度で症状を軽減させるという。

しかしSSRIが症状を劇的に改善するとはいえず、行動療法の方が治療効果が認められるという報告もあるのに対し、近年まったく異なる作用によって治療効果を見込める薬物の研究が進んでいる。それがベータ遮断薬の一種、プロプラノロールである。本来プロプラノロールは心臓病の治療薬であり、心拍数の増加や血圧の上昇など身体を興奮状態にするエピネフリン（アドレナリン）の作用を抑制するために用いられている。それがPTSD治療の面で注目を集めるようになったのは、身体症状の抑制に効果があるだけでなく、ある出来事についての記憶や人間の感情そのものを抑制することが、さまざまな実験を通して明らかになってきたためだ。多くの兵士患者を抱える米国防省がプロプラノロール研究に資金提供をするかたわら[3]、人間の記憶と感情に薬物で介入をすることに対しては倫理的問題も指摘されてきた。

ここではまず、プロプラノロールがどのような効果をもつか確認しつつ、記憶や感情を薬物で鈍麻させることが、患者自身の自己了解や共感能力に及ぼす作用を考えていく。また、その結果として生じる患者と社会との関係の変化、社会が患者に果たすべき責任への影響といった問題についても取り上げていこう。

第1節　記憶への介入

PTSDに対するプロプラノロールの治療効果については、1990年代から各国の研究チームによって報告されてきた。R.K. ピットマンらは自動車事故などを経験した人々に、そのすぐ6時間後と10日後にプロプラノロールを投与した結果、偽薬を与えられた被験者よりPTSDの発症率が低かったと発表した[4]。その後、2007年のK. ネーデルらの研究では、事故や性的暴行の被害から10年経過した後でも効果が認められたという[5]。

このようにプロプラノロールはPTSDへの治療としても予防としても一定の効果が見込めるのだが、興味深いのは、この薬物が症状を抑制するだけでなく、記憶や感情そのものに影響する点である。たとえば1994年に発表されたL.カーヒルらの実験では、まず被験者に2種類の話——ごく日常的な、感情的にも中立な話と、悲劇的で感情的に印象の強い話——をして、2週間後に回想実験をした。すると被験者たちは、悲劇的な話の方をずっと詳細に覚えていた。その後、被験者を2つにグループ分けし、一方にプロプラノロール、他方に偽薬を投与して、同様の実験を繰り返した。すると2週間後、日常的な話は双方のグループとも同じ程度に記憶していたが、悲劇的な話については偽薬を与えられたグループの方が詳細に回想できた。また、プロプラノロールを投与された被験者は、悲劇的な話を聞いた時点では悲しみを感じたが、2週間後に回想した時は、日常的な話に対して感じるのと同じ程度の感情しか示さなかったという[6]。

　さらに上述のピットマンの実験では、プロプラノロールを投与された被験者は3ヵ月後、「もともとの衝撃的事件を象徴化した、あるいはそれに似せた内的信号、つまり心的イメージ」に対する精神生理学的反応も、偽薬を投与した対照群と比較してかなり低かったと報告されている。つまり患者は自分自身が直面した悲劇的な出来事についてだけでなく、他の類似の出来事についても感情が低下していたのである。

　こうした実験成果は、われわれにどのような事実と可能性を示しているのだろうか。もともと心臓病などの治療薬であるプロプラノロールは、副作用として記憶障害があげられている。一方でよく知られる通り、われわれの記憶はすべての出来事を一律に記憶しているのではなく、重要性が高いと判断されたものを選択的に取り込み、記号化して蓄積している。また繰り返し思い返すなかで記憶は強化され、変容もする。そしてカーヒルの実験でも明らかなように、強烈な感情をともなう出来事の方が、日常的な出来事より強く鮮明に記憶される。しかしプロプラノロールは出来事に対する感情反応を抑制するため、これを投与された場合、本来もつはずだった記憶の鮮明さを獲得できない。つまり

記憶が時間とともにあいまいになり、鈍麻するのだと考えられる。そうして鈍麻した記憶と感情は、ピットマンの実験でも見られたように、自分自身の経験から生じる苦痛を緩和してくれると同時に、それと類似した出来事への悲しみ、苦しみといった感情も抑制してしまう。これは他者の経験に対する共感能力の低下を示唆しているのではないだろうか。

プロプラノロールのような薬物が実用化されれば、深刻なPTSDに苦しむ人々には朗報となるだろう。一方で記憶に対する薬物を用いた介入について、論点は大きく分けて二つ考えられる。

① 利用対象を厳密に限定しなければ、治療の範囲を超えたエンハンスメント的利用が見込まれる。

② PTSD患者に治療として投与される場合でも、患者の自己了解や世界認識、社会がもつべき道徳的責任を変容させる懸念がある。

エンハンスメント（enhancement）とは、「医療技術を病気の治療目的以外に使い、人間の能力や性質を向上させること」をいう。身近な例でいえば、美容整形は戦場で負傷した兵士を治療するための形成外科技術を応用したものであり、医療技術のエンハンスメント的利用といえる。また、遺伝子操作技術を利用して将来的に運動能力の高い人間を生み出すということも、これは動物実験で一部成功しているが、エンハンスメントのひとつである。そしてエンハンスメントの目指す、より強く、より優れた人間は、パフォーマンス能力が高いだけでなく、身体的・精神的に傷つきにくい人間でもある。この点に関して、プロプラノロールとエンハンスメントの関連をみていこう。

第2節　エンハンスメントと医療化の進行

もしプロプラノロールのような記憶鈍麻剤がPTSDの治療薬として実用化された場合に、PTSDではない人間が「不快な記憶を消し去りたい」、「不安を取り除きたい」といった理由でそれを入手・服用するとしたら、どうだろう。薬を処方してもらうために、医師に実際以上に強く不安や症状を訴えたり、知

人が処方された薬をひそかに分け与えてもらうのは不当だろう。だが病気ではない人々が、自分の状態を改善するために薬物を利用するというのも、将来的には"抜け道"でなくなる可能性がある。米国では低身長症の治療に使われる成長ホルモンの投与が、ただ平均的な身長より低い子どもたちにも親の希望で行われている。これは米国食品医薬品局の認可していない使用法だが、違法ではないため、1995 年には成長ホルモン処方の 40%を占めるまでになった。さらに 2003 年には製薬会社の働きかけもあって、米国食品医薬局は成人時の予測身長が下位 1%以内の健康な子どもたちに、成長ホルモンを処方することを正式に認可したのである[7]。そうした利用は、病気の治療という範囲を超えたエンハンスメントであり、医療が患者でなく「顧客」のニーズを満たすために用いられることとなるのである。

　近年ますます加速する「医療化」(medicalization) の傾向は、「正常」と「異常」をより厳しく峻別し、「異常」への医学的介入を拡大してきた。医療化とは、「心身の状態を、病気でもないのに、治療が必要だと定義し、そうすることで医薬品や治療への需要を高めていく過程」のことである[8]。そのなかで表層的な症状の改善に医療者も"患者"も注目し、根本的な原因の改善、たとえば職場環境や人間関係、当人の心のありよう等は後手に回ってしまう。しばしば指摘される通り、うつや PTSD 患者数の増加は、診断基準の拡大によるものも大きいと考えられる[9]。

　そもそも病気の自然主義的な解釈では、「病気」とは生物学的な機能不全であり、したがってどのような状態を「病気」とするか、文化を超えた合意が存在すると考えるが、一方、J. マーゴリスや H.T. エンゲルハートは、「健康」や「病気」といった概念は価値判断を暗黙のうちに含んでおり、社会文化的な文脈においてしか理解できないとする。P. セドウィックはこの解釈をさらに推し進めて、社会文化的なパラダイムが病気を構成するのであり、文化を超えて同様の病気概念が存在するのは、病気に関する慣習的な取り決めや基準が広く普及していることに起因するのだとする[10]。前者の立場からすれば、医療化とはまさにエンハンスメントの進行であり、後者の立場からみると、"異常"

や"治療・処置の対象"の増加とは「病気」概念そのものの拡大といえるかもしれない。

いずれにせよ治療や薬理的介入の対象が増加している事実は、われわれがより健康に、より強く、より完全さを求めて生きることのあらわれである。それは"異常"なものや"弱さ"、"劣ったもの"の排除に通じている。薬物の利用だけに限らず、出生前診断や遺伝子操作（筋力や記憶力増強のための人工合成遺伝子）の技術によって、われわれは自分の理想とする身体や精神をデザインできるようになりつつある。それは生命から偶然性を排除し、支配・統御する試みでもある。

遺伝子操作技術を用いて親が子の生命をデザインすることに関して、J. ハーバーマス（J.Habermas, 1929- ）は H. アーレントの「出生性」（人間は製作されるのでなく生まれいづるという事実が、人間が行為の発動者である条件と見なされる）という概念を引用しつつ、次のように述べる。

> すべての人格が同じ規範的なステータスを取りうるし、相互的＝同等な承認をおたがいにしあわなければならないという確信があるのは、人間同士の関係が可逆的だからである。どちらの側も、原則的に不可逆的なかたちで他方の側に従属的な立場になってはならないのである。ところが、遺伝子工学的なプログラムをするならば、色々な点で非対等な関係が生まれざるをえない——それは独特のパターナリズムである。[11]

ハーバーマスは、生命がその原初において自由であることが、人間の自律性と平等性、道徳性の根拠（他のようでもありうる責任の主体として）であるとする。

では、子どもという他者に対してではなく自己自身に対するエンハンスメントは、自由な判断に基づいた自己実現といえないのだろうか。M. サンデルは道徳の輪郭を形成する3つの主な特徴として「謙虚」、「責任」、「連帯」をあげた上で、次のように語る[12]。自己自身や子どもの才能、能力、性質は完全にみずからの行いに由来しているわけではないということ、いいかえるなら人間の存在の被贈与性によって、人間は自己自身や子どもがどのような存在であるかについて完全な責任を負うことを免れることができていた。

第3章　記憶への介入とエンハンスメント　57

サンデルによれば、遺伝子エンハンスメントは努力や闘志を蹂躙して人間の責任を蝕むものとする指摘もあるが、むしろ自己や子どものありかたが偶然ではなく選択の結果となることで、責任は増殖し、道義的重責を負うことになる。たとえば出生前診断の普及によって、「診断を受ける／受けない」、「人工妊娠中絶する／しない」という選択肢が現れたことで、この技術を利用しない人々にも、診断を受けなかったこと、その結果として障害のある子を出産したことに責任が課されるようになった。また、プロスポーツの世界ではドーピングが常態化した結果、薬物使用を拒否する選手はチームメイトからの非難の的になるということが現実に起こっているという。そして、われわれがみずからの能力やパフォーマンスの支配者になればなるほど、社会の成員は運命共同体であるという意識が薄れ、成功者は自分を自分で作り上げたものとして自己完結し、社会の底辺にいる人々は「運に恵まれなかったがゆえに一定の補償を受けるに値する人々ではなく、ただ不適であるがゆえに優生学的な修復を受けるに値する人々とみなされる」。そしてリスクの相互保障としての保険や社会保障などの、連帯的側面が社会から失われていくのである。

第3節　記憶の鈍麻と共感の喪失

　次に記憶鈍麻剤がもたらす、もうひとつの問題点——第1節で（2）にあげた、PTSD患者に治療として用いる場合にも、患者の自己了解や世界観、社会が負うべき責任を変容させてしまうという点について取り上げていこう。
　L.R.カスは米国の「大統領生命倫理評議会報告書」（2003年）のなかで、プロプラノロールについての倫理的分析を行っている[13]。報告書で指摘された論点を整理すると、次のようになる。
　①薬物を用いた記憶の「書き換え」によって、個人の「真のアイデンティティー」が損なわれる。
　②人間にとっての記憶の性格そのものを変容させてしまう。
　③記憶されるべき出来事が記憶されないことによって、社会の成員が被害者

と共に苦しむという義務を免れさせてしまう。

　まず第1の点について、カスは人間のアイデンティティーとは「われわれがなしたこと、そして体験し、潜りぬけてきたことの両者によって形成される」ものであるため、率先して望んだのではない苦痛をともなう経験の記憶からも逃避することなく、過去を現実として識別し、意味づける必要があるとする。人間が自己自身として充実するためには過去・現在・未来が意味をもつよう結合されている必要があり、それが人間の幸福につながるという。そのためカスは、過去の経験や行動をすっかり忘却してしまった認知症の患者を、本人の気分が今どれほど明るいとしても、幸福だと認めるには躊躇すると述べている。われわれは自分が直面した不幸な出来事や経験に向きあい、乗り越えるという方法でなく、薬物を使って「ささいなこと」「大して意味のないもの」という風に処理し、実際にそう信じるようになった時、それは幸福なありかたなのだろうか。

　次に第2の点では、たとえば苦悩を最小限に抑えるため、PTSDを発症する以前に、兵士や犯罪被害者のすべてに予防的にプロプラノロールを服用させるということを想定している。そうした事前投与は、薬物なしに自分の経験に対処できる人々にも不要な記憶変化を起こさせる可能性があるだけでなく、「薬の使用が、残酷で、暴力的で、恥ずべき行為に関わるなら当然ともなうはずの良心の呵責に対する予防接種になってしまうという場合もある」とカスは指摘する。予防的投与は、さまざまな出来事をまるで日常的な、特別な対処を必要としないものと捉え、雑多な記憶の中に埋没させるというように、人間の記憶や理解の性質を変えてしまうかもしれない。

　第3の点として、カスは記憶鈍麻薬が患者本人のみならず社会道徳に与える影響を大きく取り上げている。カスによればわれわれには共同体の成員としてある種の出来事について「記憶しておく義務」がある。ここで想定されているのはホロコーストのような歴史的事象だけでなく、戦場での体験や殺人の目撃といったものも含んでいる。こうした恐怖や苦痛の記憶を鈍麻させる結果、残酷な行為に対する関心と道徳的重要性が低下し、また共同体の成員が苦痛を被った者と「共に受難し、共に苦を感じるという義務」の免除が生じてしまう、

とされる。カスは過酷な体験をした人々に他の者のために苦しい記憶に耐え抜くよう強制はできないし、すべきでもないとしつつ、そうした記憶には共同体や人類に寄与するものがあり、記憶する義務があるという。そして体験者が記憶に耐えようとする時、体験者はひとりでは耐えられないし、他の成員には体験者を支える義務がある。また、残酷で不快な記憶が薬理的に解消されることによって、世界はあまりに住み心地のよいものになり、恥や恐怖、憎悪といった否定的感情が鈍麻することによって、逆に賞賛や感動、愛情といった肯定的感情も鈍らせるのではないかと、懸念を示しているのである。

しかし患者のアイデンティティーを問題にするのであれば、プロプラノロールのような薬物療法こそ患者の助けになるという反論は成立しないのだろうか。記憶に向きあい意味づけすることが重要なのであれば、重度のPTSDを患い、薬物によらない精神療法にも失敗して過去とも現在とも対峙できないような混乱状態にある人々にとっては、むしろ薬物による介入がよりよい自己実現の手段にならないのだろうか。おそらくこの点に関して、プロプラノロールはプロザックのようなSSRIと異なる評価になるだろう。

精神科医P.クレイマーが、幼少期の性的虐待などが原因で長く不安や絶望感にさいなまれていたサリーをプロザックで治療し、その経過を出版すると、薬物による人格の改変という問題が大きな議論を呼んだ。サリーはプロザックによって頭脳明晰になり、より落ち着き、自信を獲得した。仕事で昇進し、結婚もした。クレイマーによれば、サリーは「異なるゲノムをもって生まれ、子ども時代により幸運な世界に囲まれていた誰かの内部環境を、化学的に獲得した」のである。しかしサリーの人格の基礎構造が変化したのではなく、新たな人格こそ本来のサリーであったのだとする研究者もおり、評価は一定ではない。カスはプロザックの利用に否定的な立場であるが、それはサリーの変化した人格が薬の服用を止めれば失われてしまうという、人格の非継続性を根拠としている。つまり彼が、認知症の患者がどれほど明るい気持ちであっても真に幸福とは言い難いとするのと、同様の視点である。しかしドゥグラツィアは、ある人格の特性が当人にとって本質的であるかは、当人がその人格を自分のも

のとみなし、自律的にその人格特性を保持するかといったことに依存すると考える。すると、患者が新たな人格をみずからのものと確信し、薬物の服用を継続しようとするかぎり、プロザックによる薬理的介入は薬物によらない精神療法的処置と差異がないという結論になる[14]。

　このようにプロザックが真の人格を獲得させるのか、それとも損なうのかという議論は未決であるが、プロザックのようなSSRIがプロプラノロールと異なるのは、感情面での反応の型は変化しても、他の感情面では直接影響がない点である。つまり、ある出来事への苦しみ、怒り、失望や拒絶といった否定的感情は残っているが、程度と期間が減少し、肯定的感情が増加する。SSRIは共感や道徳意識、美的感覚にも影響を及ぼさない。他方、先述の通りプロプラノロールは出来事に対する感情をほとんどフラットにしてしまう可能性がある。ある衝撃的な経験に折り合いをつけたという時、SSRI服用者の場合それは、新たに獲得された明朗で積極的な人格で物事に対処したということだが、プロプラノロール投与者の場合はその出来事が他の日常的出来事と同様に埋没することを意味しうるのである。

　こうした感情と共感の低下は、患者の本来の人格を守るという面で大きな弊害になりうるだろう。またカスが指摘する通り、犯罪の被害者や目撃者の感情が低下することは、共同体の他の成員にとっても共感や関心をもちにくい状況を生み出すだろう。過酷な記憶の忘却が共感や連帯を失わせるという彼の主張は、プロプラノロールがもたらす重大な影響をわれわれに予見させる。そこで次節では、記憶と感情の切り離しが当人と社会の成員にどのように影響しうるのか、より詳細な検討をしていこう。

第4節　共感の道徳的役割——ヒューム、スミス、シェーラー

　共感が低下していくとき、われわれの社会は何を喪失するのだろうか。共感が医療や福祉の場で重要であるのはもちろんのこと、より根源的に、共感こそが道徳への動機づけをになうとする理論も少なくない。たとえばイギリス経験論を代

表するヒューム（D.Hume, 1711-1776）やスミス（A.Smith, 1723-1790）の道徳理論では、共感が他者との感情の交流を生みだし、そこから道徳的規範が成立すると考える。

ヒュームによると、われわれは他者の内面を直接は経験できないが、他者の情念（passion）の原因となっている状況と、情念の結果としての外的行動を認識し、そこから推論によって、他者の情念についての観念を形成する。そのようにして他者の情念に共感するとき、他者を「是認」するという道徳的感情が生じる。このような共感は、まったく見知らぬ人物に対しても生じる。というのは「等しく結ばれた弦において一本の動きが他の弦に伝わるのと同様に、すべての情感は素早く一人の人間から他の人間へと移り、あらゆる人間の内部に対応した動きをもたらす」という「弦の比喩」にもあるように、ヒュームの共感は人間本性の"生理学的原理"、つまり意図的な操作を許さない不随意的で必然的なものといえるような性質をもち、人間という種内部での類似性という確信に支えられているためである。したがって、この共感は社会的立場を超えて働き、道徳的異邦人は存在しないことになる。ヒュームの共感概念は当時の医師らにも影響を与え、困窮する人々への憐みの気持ちや、病者への奉仕に人間を駆り立てる動機として、共感が高く評価されるようになっていった。

さて、やはりヒュームから影響を受けたスミスは、『道徳感情論』のなかで、他者との感情共有についてこう記している。

> 我々は、想像力によって自分自身を彼（他者）の状況において、我々自身も彼と同じ苦しみを受けていると想像する。我々は、いわば彼の身体に入り込み、ある程度まで彼と同一の人物になる。そして、我々は、彼の感受作用についても何らかの観念を形成し、程度は弱いけれども彼の感情に全く似ていなくもない何かを感じさえする。

ヒュームと異なり、スミスは共感を生理的なものではなく、「想像上の立場交換」という意図的な作用から生じる感情の共有や一致として捉えている。そしてスミスによると、「相互的共感の快」、「共感への欲求」というものがわれわれのなかに存在して、他者に共感した時、他者を理解できた快を感じ、また

他者から共感されることに喜びや慰めを感じるという。場合によっては、想像上の立場交換を必要としない「非認知的共感」というものも成立する。たとえば、誰かが階段から転落しそうな様子を見た時、まるで自分が転落するかのようにぞっとして、身をすくませることもあるだろう。これをスミスは、恐怖の「感情伝染」という「非認知的共感」と呼ぶ。しかし多くの場合、われわれの感情はもっと複雑だ。他者の激しい怒りに接した時、瞬時に共感が生まれることは少なく、他者の置かれた状況や事情が理解できて初めて、「なるほど、私も同じ立場だったら怒るだろう。あの人の怒りは、もっともだ」という共感が生じうる。これが想像上の立場交換を経た「認知的共感」である。

　ただし、実際にある体験をして怒りや悲しみを感じている当事者と、その怒りや悲しみに共感しようとする他者（観察者）とでは、おのずと感情の強さが異なる。そこで共感を成立させるためには、当事者は公平な第三者の立場に想像上立って、そこから自己の状況を見た際に抱くだろう感情の水準へと、みずからの感情を抑制する必要があるとスミスは指摘する。同時に、観察者の側も当事者の状況をより詳細に把握して感情を高めることで、共感の内実を近似させていくのである。

　さて、確かに感情をなだらかにした方が、他者の共感は得やすいかもしれない。しかしスミスの論理にしたがうと、共感を得るには率直なありのままの感情を抑制しなければならない。それは真の共感だろうか。スミスは次のように語る。何か物を見るとき対象に近づきすぎると視界に歪みが生じるように、過度な「自己愛」が、自己利害を他者の利害より大きく捉えてしまう。だとすれば、元の率直な感情も公平な視点から調整されてようやく、「適切な」感情になると考えられる。

　以上をふまえ、スミスは感情だけでなく、行為への道徳的評価も共感が基軸になるという。第1に、行為の動機となった感情の原因（行為者の状況）と、動機は「適切さ（propriety）」をもつか。つまり行為者に共感可能か。第2に、動機の結果として生じた行為に共感可能か。この2点から吟味し、適正な動機をもった行為に対して、観察者は行為者を道徳的にも正しいと評価するのである。

第3章　記憶への介入とエンハンスメント　　*63*

スミスの論理は明快で、われわれの実感にかなっている面も多いように思われる。しかし、スミスに見られるような共感理論を、現象学派の哲学者シェーラー（M.Scheler, 1874-1928）は次のように批判する。

　①スミスは道徳的価値を観察者の態度・反応から導きだす。しかし、ある人物 A の苦しみに喜びを感じている B がいて、多くの人間が B の側に共感を示すとしたら、それは道徳的に価値のある態度だろうか。スミスは他者の苦悩を喜ぶのは悪徳である、あるいは、公平な観察者であれば他者の苦悩を喜ぶはずがないという道徳的判断を前提しているように思われるが、そのような道徳は「他者への愛」から生じるもので、単なる共感は道徳的価値を導けない。

　②スミスの論理では、人間はひとりだけでは自分の体験、意欲、行動などのなかで直接倫理的価値を得ることはできないため、「良心」（倫理的な自己評価）も、他者の反応や公平な観察者の感情を自己の内面に投影したものになっている。だが、それでは他者が及ぼす影響が自己独自の判断をしばしば覆してしまう。中世の魔女裁判で、多くの"魔女"がみずから魔法に対して罪責感をもち、死刑宣告を正しいと是認したように、世間による誤った有罪宣告が自己の良心を欺いてしまう。また逆に、良心を失った人間が自己の罪について何の羞恥も感じず、その感情が周囲にも伝播して、世間がその人物を無罪と見なしてしまう可能性もありうる。良心のように積極的な価値をもつ「自発的」な作用は、単なる「反射的」作用に優先しなければならない。

　こうした批判を加えた上でシェーラーは、これまでさまざまな現象が共感という名で同一視されてきたと考え、共感を細かに分類し、「共同感情」（他者の喜びへの共歓、苦しみへの共苦などをもつこと）、「追感得」（他者の感情を認知すること）、「相互感得」（ある人との同一の苦しみを、直接的に共有すること。たとえば子どもを亡くした父母は、同じ苦痛（情緒的活動）を相互に感じあい、相互に体験している）の区別を強調する。

　シェーラーによると共同感情と追感得はしばしば混同されてきたが、追感得はあくまで「認識する」作用であって「思いやり」は含まれず、対象と無関心に向きあうこともできるため、道徳的価値は低いとされる。残忍な人間が他者の苦痛に喜びをいだくとき、共同感情ではなく追感得が作用している。

共同感情は、相互感得の場合とは違い、「他者の」体験における苦しみや喜びに関する感得である。「すなわち、わたしの共苦とかれの苦しみとは現象学的に二つの異なった事実」であり、「共苦とはこの他人としての他人の苦しみを苦しむこと」である。

　このような分類をした上でシェーラーが強調するのは、真の共同感情には、スミスがいうような「想像上の立場交換」はないという点である。「もし私が同じ立場であれば、きっと私も……」という「類比」での共感は、結局は自己自身の喜びや苦しみに向けられた利己的態度であり、他者そのものを志向するのではないと彼は主張する。また、「もし私が同じ立場であれば……」と仮定するとき、たとえ感情の強弱を調整したとしても、しばしば「あの人のような反応はしない」という否定的結論に至ってしまうだろう。

　　　かれが「そのような人間」であるがゆえに、かれはまさに苦しむに相異ないということ以上に、より深い共苦があるだろうか？[15]

　他者の喜びや苦しみを前にして、自分の喜びや苦しみに注目し、そちらが前面に押し出されると——たとえば物乞いに施しをして、目の前から追い払うといった——仮象の共同感情による行為につながる。共同感情が「想像上の立場交換」を要するならば、共感は自己自身がすでに体験した物事に限定されることになる。しかし、シェーラーが「共苦とは他人としての他人の苦しみを苦しむこと」というとき、だからこそ積極的な意義があり、自己自身の枠を超えて共苦できるということなのである。したがって、死の不安を体験したことのない人でも、他者が直面する死の不安に共感することができる。

　　　われわれが了解し、追感得し、共感することは、真にわれわれの生を拡大し、われわれの実際的な体験の狭さを超えてわれわれを彼方へ導いていくことを可能にするのである[16]

　シェーラーは、自己の枠を超えるという共同感情の作用があってこそ、内面的な道徳的連帯性や、「生のあらゆる充溢」にも結びついていくと説く。

共同感情は、人間を人間として、他者を自己と等価値のものと捉えることを可能にする。他者も自己と同様に実在するという把握は、独我論的幻想（あらゆる他者は、自己にとっての利用、支配、享受の対象であるという）を打ち破る、必然かつ唯一の方法と規定される。真の共同感情では眼前の個別的・偶然的な事例という「誘因」を超えて、他者の苦しみの本質が普遍化して捉えられ、共感が一切の他者と他者の価値に向かって拡大される。この等価値性の意識が、「自発的な人間愛（フマニタス Humanitas）」、つまりある人物が人間であり、「人間の顔」をもっているがゆえに愛するという人間愛の前提になる。そして共同感情は、共感の対象となる人物が「現に振る舞う」態度と結びついているため、小説の主人公や俳優が演じるドラマなど虚構やイメージでは、追感得は可能でも共同感情は生じないとシェーラーはいう。
　したがってシェーラーの分類にしたがうならば、次のようにいえるだろう。プロプラノロールのような記憶鈍麻剤の服用が、自他の不幸な出来事の記憶や感情を日常的出来事と同様に、埋没させるのであれば、服用者にとって他者への共感は「追感得」に限定されるのではないか。つまり、他者の不幸や苦痛を「認識」することは可能だが、共同感情や相互感得は起こりえない。また、不幸な体験をした当事者の感情が失われる場合、周囲もその人物に共同感情をもつことができない。スミスのいう「想像上の立場交換」という自己の枠内での類推で共感を試みても、記憶鈍麻剤の服用者が示す反応は非服用者の感情とはまったく異なるため、むしろ両者相互の共感を疎外してしまうだろう。

第5節　良心の正しさと責任

　記憶と感情の鈍麻が社会の成員に対しても広く影響を及ぼすだろうと予測されるもうひとつの側面は、われわれの良心のありかたである。自己自身に対する裁定者であり、われわれの内面に方向性を与えるような良心は、どのように育まれるものだろうか。良心は、スミスがいうように他者の反応を内面化したものか、あるいは理性によって自律的に導きだされるものか、思想史のなかで

はさまざまな説明がなされてきたが、ヤスパース（K.Jaspers, 1883-1969）は自己の内面的な省察と他者との対話の双方によって、はじめて良心が正しく成立するとしている。内省だけでは独我的であり、対話のみでは他者との安易な一致に安らぎを感じて満足してしまう。良心は、「他者と共に自らの真理に到達するために、自分を語ったり問うたりする」[17]こと、言い換えるなら実存的な交わり（Kommunikation）によって、常に自己超克することを必要とし、この良心はけっして完成することがない。知を誤った固定化から解放できるのは、みずからと真理を一致させようとする不断の試みと、「思想の内にあって思想の外に立つことの自由、すなわち理性を有すること」であるが、ここで理性の正当性を担保するのが、無制約的につまり自己の利益や優劣関係に固執することなく「聴き取ること（Vernehmen）」、すなわち受容性なのである。理性の語源でもあるvernehmenの対象は、ここでは自己の良心の声と、そして他者の声である。

　こうしたヤスパースの主張が妥当であるとすれば、誰かの苦悩を医学的・薬物的介入によって解決することが、われわれの良心のありかたに及ぼす影響を軽視することはできない。善悪の裁定者である良心の正当性は、自己自身との対話と同様に、他者との対話の成功に依拠している。だが、苦悩の主因である記憶や感情を薬物によって取り除くということは、その人物から訴える声を奪うことをも意味する。

　無論、われわれはその人物の内面で生じた葛藤を、薬物を用いなかった人々のケースから類推することはできる。また、対話によらず理性によって物事の善悪を判断しようとすることも可能であるし、その人物が治療前に残した手記や、体験を元にした芸術作品等はわれわれに出来事の本質を直観させてくれるような象徴となる。だが、実存的対話を通して真に問題の本質を把捉する機会は失われてしまう。というのも当の人物自身、自分に起こった出来事を自分自身に深く根ざしているものとして語ることができないからである。

　苦悩する人物に対し、われわれが共同体の成員として責任を分有している場合、またその苦悩の原因に直接的な責任を負っている場合はとくに、薬物的介入は責任（Verantwortung）を果たすことを困難にする。責任は、語義どおり苦難にあ

る人々の訴えに応答する（antworten）ことであり、発信する声がなければ、聞く側だけの良心や理性では不完全なままである。賠償や被害者への助力である「つぐない」は可能であるが、罪の「清め」——罪の本質を捉え、被害者への真摯な応答となりうるもの——はわれわれから遠ざかり、真の許しも失われるだろう。

　記憶鈍麻剤を利用することは、行動療法などでPTSDを治療するのとはまったく異質な意味をもつ。出来事を記憶するなかで何に焦点が当てられ、それをどのように了解し意味づけるかは、あくまで当人の主体的判断によるべきものであろう。あらためて確認しなければならないのは、記憶鈍麻剤は今後PTSD症状を改善するもっとも劇的かつ短期に効果の見込める手段となりうるかもしれないが、唯一の効果的な治療法ではないという点である。国内の研究では、海馬の神経新生を促すことで海馬から大脳新皮質へ記憶が移行する速度を高め、症状の軽減につながることが証明されつつある[18]。重要なことは人間がまったく傷つかないことではなく、患者が経験した出来事にみずから対峙してその意味を再定義できるような治療と支援を行うことだろう。否定的な記憶や感情を失わせる手法が一般化するならば、ある種のエンハンスメントが抱えている問題と同様に——たとえば容貌を理由にしたいじめを美容整形で解決しようとする場合のように——苦悩への共感や良心のとがめをはるかに軽減させ、背景にある社会的不正を議論の俎上から追いやってしまうのである。

（大石　桂子）

【註】

（1）トラウマに関する考え、状況に直面した際に、連続的筋肉弛緩などでリラックスする方法を学ぶ曝露療法や、トラウマとなった出来事に対して、異なった見方や対処が可能なことを学ぶ、認識行動療法など。
（2）PTSD予防のために、トラウマ的体験の数時間から数日以内に、個別または集団セッションをもつ。体験後6ヵ月から9ヵ月経ったデブリーフィングでも効果が見られたという報告がある。
（3）2011年12月16日の「WIRED」は、PTSDに苦しむ米国兵は少なくとも25万人以上と報じている。また、米国防省はこの月にD-サイクロセリン（DCS。結核の治療薬

であり、近年は不安症や統合失調症の治療薬としても研究されている）と曝露療法を組み合わせた治療法研究に資金提供を開始した。"No Fear: Memory Adjustment Pills Get Pentagon Push," *WIRED*, Dec.16, 2011.
（4）Pitman, R.K., et al., "Pilot Study of Secondary Prevention of Posttraumatic Stress Disorder with Propranolol," *Biological Psychiatry* 51：189-192, 2002.
（5）"Scientists find drug to banish bad memories," *The Telegraph*, Jul.01, 2007.
（6）Cahill, L., et al., "Beta-Adrenergic activation and memory for emotional events," *Nature* 371：702-704, 1994.
（7）Kaufman, "FDA Approves Wider Use of Growth Hormone", Los Angeles Times, August 11, 2003.
（8）松田純著、「エンハンスメントと〈人間の弱さ〉の価値」、上田昌文ほか編、『エンハンスメント論争 【身体・精神の増強と先端科学技術】』所収、社会評論社、20008年、185頁。
（9）ごく最近の例では2013年5月、米国で定めるうつ病の診断基準から「死別反応を除外する」（親しい家族や友人を亡くした場合、うつの診断基準に該当する症状があっても、うつ病とは断定しない）という項目が削除された。
（10）D. ランツェラート著、「病気と病人」、生命環境倫理ドイツ情報センター編、『エンハンスメント バイオテクノロジーによる人間改造と倫理』所収、知泉書館、2007年、123頁。
（11）ハーバーマス著、三島憲一訳、『人間の将来とバイオエシックス』、法政大学出版局、2004年、107頁。
（12）サンデル著、林芳紀ほか訳、『完全な人間を目指さなくてもよい理由 遺伝子操作とエンハンスメントの倫理』、ナカニシヤ出版、2010年、90頁以降。
（13）カス編著、倉持武監訳、『治療を超えて バイオテクノロジーと幸福の追求 大統領生命倫理評議会報告書』、青木書店、2005年、266頁以降を参照。
（14）生命環境倫理ドイツ情報センター編、同上書、71-73頁を参照。もっともドゥグラツィアは、社会における公正の問題などを考慮すると、プロザックが正当化される賢明な手段というわけではないと強調する。
（15）シェーラー著、吉沢伝三郎編、『同情の本質と諸形式』、白水社、1977年、84頁。
（16）シェーラー、同上書、100頁。
（17）ヤスパース『実存開明』、創文社、1964年、307頁。
（18）井口馨ほか著、「マウスの記憶形成──再固定化のメカニズム」、『細胞工学』27（11）所収、1139-1145頁、2008年11月等を参照。

コラム：生殖医療技術と自己決定

　「デザイナーベビー」とは、親が希望する性質や能力を人工的にもたせた赤ちゃんのことである。「青い目」、「高い身長」などの性質を確実に発現させることは、現在はまだできない。しかし 2013 年、アメリカの企業がこれにつながる技術——遺伝子をかけ合わせた際の、病気や能力の発現確率を算出する方法——の特許を取得した。また、将来的には遺伝子操作によって、より直接的に希望の子どもをデザインすることが可能になるかもしれない。女性ひとりあたりの出生数が少ない昨今、優秀で健康な子どもをもちたいというパーフェクトチャイルド願望は強く、こうした技術へのニーズも高いという。

　優れた性質をもたせる技術は研究途上だが、病気や障害の排除を目指す技術は実用化されて久しい。妊婦の血液や羊水から一部の障害や病気を発見できる、出生前診断である。胎児治療にも利用可能な一方、人工妊娠中絶に結びつくことも少なくない。日本では母体保護法により、胎児の障害を理由にした中絶は法律上認められず、出生前診断の利用率も 1 ～ 3％にとどまる。一方、イギリスのように検査費用を公費で負担し、約 90％の妊婦が診断を受ける国もある。欧米では 94 年のカイロ国際人口開発会議で採択されたリプロダクティブ・ヘルス／ライツ（性と生殖に関する健康／権利）に基づき女性の自己決定権が重視されている点と、出生前のマス・スクリーニング（ふるい分け）で社会保障費の抑制を目指す各国の政策が背景にある。

　デザイナーベビーや出生前診断は、一種の優生思想だという批判の一方、これらは親の希望に応える技術であって、利用は妊婦の自己決定の問題だともいわれる。だが、たとえば出生前診断が普及して障害を理由にした中絶が一般化すれば、障害をもつ子どもを救う技術は衰退し、また障害者への支援を"回避できたはずの負担"のように捉える風潮が生じるおそれもある。そうした社会で、選択の自由は確保されているだろうか。技術は中立なようでいて、個人への圧力をともなう。真の自己決定のためには、障害者支援の充実など十分な受け皿が社会に必要なのである。

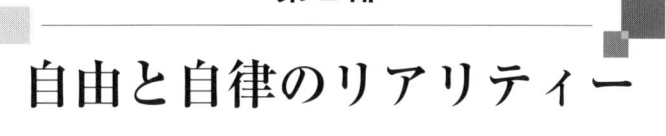

第Ⅱ部
自由と自律のリアリティー

4 「空気」を意識する
日常性としての悪について考える

　われわれは明確に自覚される強制として、あるいは無意識のうちに何かによって「そうせざるをえない」状況へと追い込まれることがある。そして、そのような何かはしばしば「空気」と言い表される。大気中の空気は生存に不可欠なものであり、普段は意識されず、当たり前のように存在している。この空気が社会生活を営むために不可欠な何か、秩序や場の和などを表現するために用いられるのはまさに適切であると言えよう。しかし、こうした「場の空気」が意識されず存在している状態は危うさも孕んでいる。確かに、空気が軋みをあげている状況はわれわれにとってフラストレーション以外の何ものでもないように思われるが、空気を「読む」ことでそれを回避するのではなく、どこまでも異質なものとして「意識する」ことが時に重要となる。

はじめに

　アルバイト中のある女性が急にマネージャーに呼びだされ、次のように言われる。「今、私は警官と電話中だ。君にはお客様の財布を盗んだという容疑がかけられている。被害者の証言と一致する店員は君しかいない」と。まったく身に覚えがない容疑に驚く彼女にマネージャーは続ける。「警官は別件で忙しく、ここに来るまでに時間がかかる。私はその間に君が証拠隠滅を図らないように君の行動を監視し、身体検査を代行するように言われている」と。ここからが悪夢の始まりであった。マネージャーや他の店員たちは電話の指示に盲目的に従って、彼女の荷物を没収したのみならず、裸にして検査を行い、およそ3時間半にわたって彼女に多大な苦痛を与え続けた。そして、電話の相手が実

は警官を騙る愉快犯であると分かった時にはすべてが遅かった。これはアメリカのケンタッキー州で実際に起きた事件であり、驚くべきことに、2004年に犯人が逮捕されるまで10年近くにわたって同様の犯行が70件以上繰り返されていたという (*ABC News*, Nov. 10, 2005.)。常識的に考えれば、いかに容疑者とはいえ、その人権を完全に無視した取り調べを、しかも一般市民に任せるということはありえない。しかし、この当たり前のことに誰も気づかない。そこでは関係者たちの頭のなかから当然の道徳や思考能力がすっぽりと抜け落ちていたとしか言いようがないのである。まるで「何か」によって「そうせざるをえない」ように仕向けられたように。

　この事件は2012年にクレイグ・ゾベル監督によって『コンプライアンス (Compliance)』というタイトルで映画化されている。最近、耳にすることが多いこのコンプライアンスという言葉は、一般的に「企業の法令遵守」のように用いられ、「倫理や社会規範に従って行動すること」を示している。しかし、奇妙なことに、それは「迎合、服従、盲従」といった負の意味もあわせもっている。同一の言葉の内に、理性的行動であり美徳とされる法令遵守、無思慮な行動であり悪徳とされる迎合という相反する意味が両立しているのである。おそらく、これらの境界線がきわめてあいまいであることを強調する意図が監督にはあるのだろう。というのも、監督はこの事件とある心理実験との符合性に着目しているからである。それはイェール大学の心理学者スタンレー・ミルグラム (S. Milgram, 1933-1984) によって行われた実験で、正式名称を「服従実験」というが、おそらく「アイヒマン実験」という通称の方がよく知られているだろう。この実験は、上記の事件と同じく、普通の市民があたかも日常生活の延長線上にあるかのように非人道的行為に平然と手を貸してしまう、そのメカニズムを解明しようとしたものである。そこでは何が起こっているのか。それを理解するためには、まず、実験名の由来となったアドルフ・アイヒマン (A. O. Eichmann, 1906-1962) という人物について確認しておく必要がある。

第1節　アドルフ・アイヒマン——平凡なる悪

　第二次世界大戦のさなか、ナチスは多くのユダヤ人をアウシュヴィッツに代表される収容施設に送り込み、大量虐殺（ホロコースト）を遂行した。アイヒマンはユダヤ人を収容所へ移送する計画の責任者を務めた人物である。また、彼の仕事ぶりは、おおよそ流れ作業をこなすかのような淡々とした無感動なものであったと言われる。戦後、彼はこの行為ゆえにイェルサレムで開かれた法廷で死刑を宣告されることになるのだが、以上の経歴から想像されるアイヒマンの人物像はどのようなものだろうか。おそらく、その多くは血も涙もない悪魔のような人物など、表現の違いはあれども、そこにはわれわれとは決して相容れない価値観をもつ存在への恐怖や戦慄が込められることになると思われる。ただし、それは翻せばアイヒマンの行為をまったくの他人事と見なしていることも同時に意味している。しかし、それを他人事では済まなくした人物がいた。それは、自身もユダヤ人であり、ナチス体制下のドイツからアメリカに亡命した女流政治思想家ハンナ・アレント（H. Arendt, 1906-1975）である。ナチスの成立過程を考察した『全体主義の起源』（1951年）などの著作によってすでに世に知られていた存在であった彼女は、アイヒマン裁判の傍聴に赴き、その記録を『イェルサレムのアイヒマン——悪の陳腐さについての報告』（1963年）というタイトルで公刊した。その内容は当時の人々に大きな衝撃を与え、現在もなおわれわれに問題を投げかけ続けている。

　彼女の報告は多くの点でわれわれの期待や先入観を裏切るものであった。まず、アイヒマンは決してナチスの熱烈な信奉者だったわけでも、ユダヤ人に対して個人的な憎悪をふくらませていたわけでもなかった。彼のナチスにおけるキャリアはユダヤ人問題に関する資料、情報の収集の仕事から始まり、その功績からユダヤ人の国外移住政策に携わることになる。その後、1941年9月にアウシュヴィッツで最初のガス殺が試みられ、1942年にナチスの最高幹部会議でユダヤ人の絶滅政策が正式に採決されると、彼の仕事はユダヤ人の国外移送から絶滅収容所への移送にシフトすることになる。当初、彼は党の方針に嫌

悪感をあらわにし、自分が陥った境遇に絶望すらしていた。しかし、それにもかかわらず、彼は与えられた職務をおおよそ淡々とこなしていくことになるのである。

　なぜ、アイヒマンは当初の内面とは裏腹に職務を遂行することができたのか。それらは自己正当化や刑の軽減を図るために行われた偽証であり、彼に「良心」などそもそも存在しなかったのか。いや、アレントによれば、「アイヒマンにも良心はあった」。ただ、それが4週間しか機能しなかったことが真の問題なのである。では、そのどこかの時点で、彼はナチスの方針を積極的に受け入れることを決断し、絶滅政策の信奉者たる悪魔的人物へとみずからを変貌させたのであろうか。アレントによれば、それも違う。アイヒマンにはそのような劇的な瞬間などなかった。確かに彼はナチス上層部の決定とみずからの良心の狭間で葛藤を経験したのではあるが、そのどちらかを選択しようと決断したわけではない。彼が行ったのは、そうした内面の葛藤に向きあうことを拒絶し、ただ「考えるのをやめた」だけだったのである。とはいえ、こうした消極性は、この場合、上層部の方針に意見を差し挟まず、ひたすらそれに「迎合」することと同義である。「悪党であることを示してみせよう」という決断ほどアイヒマンに無縁なものはなかった。彼はただ状況に流され、それまで通りのライフスタイルを、つまり、自分が組織にとって有用であることを示すため、仕事に励む生活を貫いただけである。ここだけを見れば、多くの勤め人の日常とそれはさして変わらない。アレントの著作の副題に「悪の陳腐・平凡さ（banality）についての報告」と付されているのはこのためである。勤労や出世願望はそれ自体では決して犯罪的なものではないが、アイヒマンの場合、それはユダヤ人の死に直結していた。しかし、彼は自分のしていることがどういうことか考えもしなかった。それは彼の思考の外部にあり、彼の関心は効率的に仕事をこなすための「ハウ・ツー（how-to）」にのみ向けられた。こうしたアイヒマンの精神状態をアレントは「完全なる思考の欠如（thoughtlessness）」と言い表わす。これは「無能」や「愚かさ」と同じものではない。むしろ、与えられた仕事をいかにこなしていくか、相手が自分に求めていることをいかに察

し、それに応えるか、という効率の追求においては非常に有益な精神状態であるとも言える。ただし、それは仕事の消化という限定された範囲にのみに特化したものにすぎない。アレントによれば、これこそがアイヒマンを当時最大の犯罪者のひとりにした素因であり、また、それは彼のみに特有な状態ではなく、日常生活ではきわめて「ありふれたもの」でもあるという。

第2節 日常性としての思考欠如

　アレントはアイヒマンの行為の原因を彼の「異常性」に求めることはしない。むしろ、それは「思考の欠如」という誰もが「日常」で経験している「ありふれたもの」に由来する。彼女は『精神の生活』（1978年）で指摘している。思考欠如とわれわれの日常生活が切っても切れない関係にあるのは、そこでは「立ち止まって考える時間もほとんどなく、ましてやひとりになってそうすることを望んでもいないからである」と。このことを次の例から考えてみることにしよう。

　あなたはある飲食店でアルバイトをしている。そして、ある日、あなたは店長に次のように通達される。「今日からフライドポテトが増量サービス期間に入るので、お客様にお勧めするように」と。了承したあなたはその指示通りに仕事をこなしていくが、そこにひとりの客がやってくる。その客は、あなたがもし医師であったら、早急に食生活の改善が必要であると診断するであろう人物である。さて、あなたは客の健康状態を憂慮して、店長の指示にしたがうことをやめるであろうか、それとも特に何も考えず、機械的に、そのまま仕事を続けるであろうか。おそらく大多数の人はそのまま仕事を続けるものと思われる。なぜなら、自分が売り込む商品が顧客や社会にいかなる影響を与えるだろうか、などといちいち考えていては仕事にならない、すなわち、「立ち止まって考える時間的余裕がない」からである。現在、「健康」という価値観が隆盛を誇っている。そして、誰でも多かれ少なかれ、それに気をつかって生活している。では、この時のあなたは売り上げのために「健康主義」から「不健康主

義」に宗旨変えを「決断」したのであろうか。それは違う。そこではただ普段の価値観がすっぽり頭から抜け落ちてしまって、何も考えずに状況に流されているだけのことなのである。もし、あなたが客の健康状態について考えようとするならば、仕事の能率は上がらず、店長から叱責されるかもしれない。また、変わり者であると見なされて、周囲から浮いて孤立するかもしれない。思考とは本質的に孤独な営みである。というのも、それが自己の内面に引きこもる性質をもっているだけでなく、自分の投げ込まれた状況から離脱して、それを俯瞰して見ようとする行為でもあるからである。この意味で、思考は非社交的、反抗的といった対立点を周囲との間に生みだす要因になる。よって、日々をつつがなく過ごそうとする人は「ひとりになって思考することを望まない」のである。

　以上のように、思考欠如状態はわれわれの日常生活のなかに、その不可欠な構成要素としてしっかりと根を張りめぐらせている。それはアルバイトの場合に限らない。一般的な友人関係においてもそれは起こりうる。たとえば、ノリが悪いと言われることへの無意識の恐れから、あたかも条件反射的に、周囲に同調し、普段の価値観から逸脱した行動をしてしまうことなど大いにありうる。アレントは、アイヒマンの事例から明確な悪意よりも思考の欠如の方が大きな悲劇を生みだすことがあるという教訓を導きだしている。彼女が言うように思考の欠如がありふれたものであるのならば、われわれはいつ大量虐殺や社会に多大な打撃を与える背信行為の片棒を担ぐことになるかわからないことになる。

　もっとも、次のような反論もありうるであろう。「確かに、アルバイトなどにおいては、いちいち思考を差しはさまず、黙々と命令にしたがっているかもしれない。そして、それが余計な波風を立てないためであるというのも否定しない。しかし、アイヒマンのような状況に置かれたら話が別である。なぜなら、彼の場合、自分の行動に直接、人命がかかっているからである。やはり、アイヒマンにはナチスにシンパシーを感じるような悪魔的なところがあったのだ。あるいは、そのような状況で思考欠如状態になることこそが彼の異常性な

のだ」と。このように考えたくなるのも分からないでもない。だが、この反論に対してはまず、アイヒマンの悪魔性が裁判で実証されることはなかったと答えておこう。では、極限状況での思考停止こそがアイヒマンの異常性であったのか。これもそうとは言い切れないことが示されている。つまり、誰でも状況さえ揃えばそれほどの葛藤もなく平気で人殺しをするということを証明した実験がある。これこそが上述の「アイヒマン実験」であり、それはアイヒマン裁判が世界に与えた衝撃を受けて、彼の心理状態を検証するために行われたものである。そして、実験の結果、ミルグラムはアレントの考え方を人々が思っているよりも真理に近いと結論づけることになる。

第3節　アイヒマン実験の衝撃

　いわゆる人災はこれまで飽きもせず繰り返されてきた。部外者からすれば、それは「ちょっと考えればどうなるか分かるのに、どうしてそんなことをしたのか」と不可解に見えることがしばしばである。そして「自分なら絶対にそんなことはしないのに」と憤慨する。本当にそうなのか。アイヒマン実験はこの確信を揺るがし、われわれに否応なく自己を省みるよう強いる。
　まず、この実験ではさまざまな人々が被験者として募集され、学習における体罰の効果を測定するものであると表向きの実験目的が説明される。だが、その真の目的は、場合によっては命に関わるその体罰の行使を被験者が拒否できるかどうかを観察することにある。具体的な内容としては、まず、被験者たちは教師役と生徒役に振り分けられる。しかし、実は被験者が必ず教師になるよう仕掛けが施されており、主催者の用意したサクラが生徒役になるようになっている。そして、教師は生徒が問題に答えられなかった場合、体罰として電気ショックを流すように指示されるのである。また、教師は、誤答のたびに生徒へ流す電圧をひとつずつ上げていかねばならないとされる。この時に教師が操作する電気ショックの機械には、各電圧が生徒に及ぼす効果が表示されており、自分が相手にどの程度の害を与えているのか分かるようになっている。た

とえば、375V「危険」というようにである。もちろん、実際には電流は流されておらず、生徒の反応は演技なのだが、被験者はそれが本当であると信じ込まされている。そして、被験者が続行を拒否した場合、博士役の男が4回まで続行するように説得することになっている。4回目の説得後も被験者が続行を拒絶するなら、その時点で実験終了である。あるいは最大電圧である450V（死の危険がある電圧）を被験者が3回続けて流した場合にも実験は終了である。

　さて、以上の手順を整えた上で、ミルグラムはまず予備研究を行った。ところが、その結果がすでに彼の予測を大きく裏切るものだったのである。当初、彼は機械に記されている危険表示だけで被験者に体罰を思いとどまらせるには十分だろうと考えていた。ところが、そうはならなかった。生徒が何も文句を言わなければ、予備研究の被験者の事実上全員が危険表示をまるで気にしていないかのように簡単に最後のスイッチまでいってしまった。これは機械が本物であれば、ほぼ全員が生徒を殺害しかねなかったということを示している。この事実にミルグラムは愕然とする。そのため、彼は被験者が命令に服従しにくくなるような心理的圧力を導入せざるをえなくなった。そこで「被害者の抗議」が実験に組み込まれたのだが、驚くべきことに被害者からもっとも激しい抗議をされても、多くの被験者は最大電圧を流すのをやめなかった。その抗議のパターンと服従率をいくつか紹介しておこう。まず、「教師と生徒が別室におり、生徒の抗議が壁を叩く音で示される場合」は40人中26人（65.0%）、同じく「両者が別室におり、抗議が声で示される場合」は25人（62.5%）、「両者を同じ部屋に入れた場合」は16人（40%）、「教師が生徒の体に直接接触して電流を流す場合」でも12人（30%）が、最大電圧に手をのばしたのである。

　以上の結果は、たとえ自分の手に直接人命がかかっていたとしても、それだけでは行動を思いとどまらせる要素として不十分であることを示している。そして、ここからアイヒマンの思考欠如は彼特有の例外的な事象ではなかったという結論が導かれる。とは言っても、そこにはまだどこか他人事としての印象がつきまとう。なぜなら、われわれは通常、殺人に嫌悪感を抱き、それを否とする価値観のもとに生きているからである。だから、私こそは服従しない少数

派であると考えたくもなる。しかし、おそらく普段の考え方や信条、常識、論理的・道徳的判断などはこの問題とあまり関係がない。このことはアイヒマン実験の影響を受けて 1964 年に行われたグラスの実験が傍証となる（『死のテレビ実験』参照）。この実験の被験者には事前に「科学目的のためなら、人に苦痛を与えることも許されるか？」というアンケートが行われた。そして、「絶対に許されない」と答えた者を対象に「これは心理学の実験だ」と伝えた上で、ミルグラムと同様の実験をした。すると、70 人中 68 人が電気ショックのレバーを押したという。「絶対に許されない」という信条はどこに行ってしまったのか。被験者はみずからの行動の矛盾に気づかなかったのか。ここで被験者たちに起こっていたのはいったい何だったのか。

第 4 節　「空気」を読んで人を殺す

　いささか使い古され、陳腐化した観もあるが「空気を読め／読めない」という言葉がある。われわれは周囲の空気を読み取って、その場にふさわしい行動をし、そこに順応しようとする。そうすることでわれわれは社会秩序を維持し、他者と協調することが可能となっている。この点で、空気を読むことは社会生活を営む上で備えていてしかるべき常識でもあると言えよう。しかし、同時にこの常識こそが曲者でもあるとミルグラムは考える。彼によれば、どんな場面にもエチケット、そうするように個々人に求められている振る舞いがあり、それが人々の行動を暗黙のうちに規制している。たとえば、実験の場面であれば、主催者と被験者は実験の遂行という点において協力関係にあるという構造である。これはみずから志願した被験者にとって、あらためて確認する必要のない「暗黙の了解事項」として働いていると言えよう。もちろん、この暗黙の了解は協力への同意とその対価としての謝礼といった「明確な契約関係」から始まっているものではある。しかし、それはいつしか正当な理由による契約破棄さえ躊躇させるような何らかの強制力を帯び始める。確かに、一方的な契約破棄は通常、ペナルティの対象となる。だが、人命を脅かす非人道的な実

験に荷担し続ける事の重大性に比べれば、そうしたペナルティを受けることなどささいなことではないのか。むしろ、契約の破棄こそが、道徳的にも論理的にも是とされるのではなかろうか。また、被験者にとって実験はあくまでもアルバイトであり本業ではないことも拒絶に踏み切るにあたってプラスに働くであろう。しかし、多くの被験者はそうせず、主催者に求められている（と判断した）行動をとり続けた。電撃を送るのを拒絶することは、部外者から見れば道徳的考慮にしたがっているものである。しかし、本人からすれば、それは非常に強い抵抗感を感じる行動であり、軽々しく不履行に踏み切れないのである。そこで、次のように考えられる。ここで被験者が契約を遵守し続ける態度には「道徳的・論理的判断」以外の何かが働いているのではないか、と。ミルグラムはそれを「居心地の悪い事態の回避」と表現している。

　ここで被験者が守ろうとしている「居心地（の良さ）」は契約によって結ばれた者たちが契約相手に対して抱く信用のたぐいとは別のものである。それは契約のように明確なものではなく、もっと漠然とした「何か」である。ミルグラムの分析からもこうした何かを読み取ることができる。そこからは単なる契約関係の相手に対する以外の何かが確認されうる。たとえば、被験者は常に「社交の礼儀」を気にして、主催者の指示を拒絶すれば「自分が傲慢でひねくれていて不作法だと思われないだろうかと恐れ」、彼との関係が決裂することを避けようとする。もはや、ここでの被験者の関心は契約の遵守よりもむしろ主催者との関係の維持に向けられているかのようだ。ミルグラム実験の追実験である『死のテレビ実験』の報告によれば、実験（主催者）に関わっている時間が長ければ長いほど、実験を放棄しようとする時の被験者の心理的負担が大きくなったという。これは共に時間を過ごすことによって、両者の間に契約関係以外の何かが発生していくからではないのか。この何かを仮に「場の空気」と呼ぼう。被験者は「居心地の悪い事態を避ける」、すなわち「空気を読む」ことに集中し、その場の和を保つことのみに心を砕く。このため、上記の事件や実験報告が示すように、普段の価値観や論理的・道徳的思考が人々の頭のなかから抜け落ちてしまうのである。

ここでは非常に奇妙な事態が生じている。それを端的に表現すれば「ローカルあるいは特殊なルールを普遍的なルールよりも優先するという傾向」である。つまり、「実験を遂行すべし」というある特定の場の秩序を守るためだけのルールが、それを超える、あるいはより根本的な「人に害を与えるべからず」という道徳に優先するものとして取り扱われている、いやむしろ、それがすっぽりと頭から抜け落ちてしまっているのである。和を保つためには周囲への配慮や政治的駆け引きが必要である。この点で、それは「愚かさ」と同義ではないであろうが、明らかに「思考欠如状態」の特徴を示している。ここでは自分の置かれた状況を俯瞰する視点が失われているのである。

　「そんなことを口に出せる空気ではない」という言い方がある。ここでは論理的根拠がないからでも、非道徳的だからでも、ましてや事実に反するからでもなく、空気が許さないから発言できないのである。言い換えるならば、それを口に出したら「身も蓋もない＝露骨すぎて、情味も含蓄もない」（広辞苑）からそうできないのである。ここでは露骨に事実を指摘すること自体が無条件に非難の対象となる。もちろん、いついかなる時でも正論や事実を口にすればよいというわけではない。それを口に出すことが本当に非常識な場合もある。この点で、空気を読むことは「社交の礼儀」のために必要であることは確かである。

　しかし、次のような場合はどうだろうか。社長が社員に新たな方針を打ちだす。彼（女）は何かを企んでいるわけでもなく、よかれと思ってそうしているのだが、その方針を実行すると結果的に消費者の安全をないがしろにしてしまうことになるといった場合である。当然、その事実を指摘し、異議を申し立てるのが道徳的な行いであり、会社のためでもあるのだが、その事実を事実として口に出すことがきわめて困難であることは容易に推測できる。周囲の同僚もまたあなたを止めようとするだろうし、あなたは「無礼な！」と叱責さえされるかもしれない。あるいは「空気を読め！」と。仮に同僚たちがあなたに内心で同意していたとしても、それはその場では関係がない。事実の追求よりも、その場の和を保つことの方が重要だからだ。極端すぎる例に思われるだろう

か。しかし、空気は時に国を滅びに導くことさえある。

第5節　空気の魔力

　山本七平は『「空気」の研究』で次の発言を取り上げている。「全般の空気よりして、当時も今日も（大和の）特攻出撃は当然と思う」（軍令部次長・小沢治三郎中将）。奇妙な発言である。山本も指摘しているように、特攻を無謀と見なす側にはそう判断するに足る実証的な根拠がある。それにもかかわらず、いかにも漠然とした「空気」なるものによって、特攻が「当然のこと」とされ、人々を「そうせざるをえなくしている」のである。ところで、こうした状況に用いられる「口に出せる空気ではない」という表現は、典型的な「ぼやかし表現」であり、そこには一種の「やましさ」が押し隠されている。つまり、「私は現在の空気を決してよしとしているわけではないのだ」という予防線、あるいは「今はそうであるが、別の場所では……、後々には……」のように、別の空気へと移り変わることへの期待感が暗に込められていると言えるだろう。そこでは空気が固定的なものでも絶対的なものでもないことを人々がうすうす感じ取っているふしがある。そもそも空気は「こもる」ことはあっても、ちょっとした風通しで雲散霧消する、どこまでも「ゆらぎ」から切り離せないものである。しかし、それにもかかわらず、場合によっては人々をみずから滅びの道へと進まざるをえなくするような拘束力が空気に備わっているのはなぜだろうか。山本はそれについて「対象の臨在感的把握」あるいは「物神化とその支配」という表現を用いて答えを与えようとしている。

　対象の臨在感的把握とは対象の背後に人間の力を超えた何か「絶対的なもの」を感じ取り、それによって影響を受けている状態のことである。たとえば、人骨は単なる物質にすぎないのであるが、多くの日本人はそうは見なさない。人骨に霊が宿っているように感じ、粗末に扱うことに躊躇を覚え、たたりを恐れることさえある。このことから対象に何かただならぬものが光臨、君臨して在り、しかもそれは目に見えず、触ることもできないにもかかわらず臨場

第4章　「空気」を意識する　　83

感をもって存在しているように感じるとされるのである。「物神」などはさらに直接的な表現であろう。そして、それが宿るのは明確な物質のみに限らない。神社など特定の「場」に聖性を感じるのも臨在感的把握によると言えるだろう。もちろん、それは、それ自体では必ずしも害悪となるわけではないが、時に呪いや魔力とでもいうべき負の強制力を発揮することがある。特攻出撃という非合理的判断を当然のものとした反論を口にできない空気がその一例である。

　では、どのようにしてそのような空気が醸成されていくのだろうか。端的に言えば、それは「時間を共にしているという意識」によってであると考えられる。山本によれば、議論における言葉の応酬それ自体が「空気」を次第に醸成していき、そこで交換されているのがたとえ論理的判断基準であったとしても、いつのまにか判断の根拠が空気に入れ替わってしまうのだという。この点から「コンプライアンス」という言葉になぜ「法令遵守」と「迎合」という相反する意味が両立しているのか、その理由についても推測できそうである。当初は倫理的判断のもとに法令を遵守していたのが、いつしか周囲がそうしているからそうするというように迎合へと入れ替わるのである。また、この現象をさらに深く理解するためには阿部謹也の「世間」に関する分析が手がかりになるかもしれない。そこでは、世間の掟のひとつとして「共通の時間意識」があげられている。それは、それぞれが異なった時間（人生）をひとりで歩んでいる「私個人」としてではなく、同じ時間を共にしている「我々」として存在しているという意識である。「同じ釜の飯を食った」という言葉で表現される仲間意識がこれと関係するであろう。そして、逆に言えば、それは時間を共にしていないと見なした相手に対しては差別的かつ排他的になる傾向を有することになる。くわえて、仲間からはじき出された者は、その庇護を失い、むき出しの個として周囲にさらされることになる。これは恐怖である。こうして議論の進行過程で醸成された空気＝共通の時間意識がそこから離脱することを許さない絶対性を帯びていくことになるわけである。

　山本が「空気」の研究においておもな分析の対象としたのは日本人である

が、奇しくもミルグラムも服従状態の被験者について山本と同種の見解を提示している。彼はそれを「逆擬人化（counteranthropomorphism）」と表現する。この呼称は、「自然物」などに対して「人格」を投影する「擬人化」とは逆に、「人工物」に対して「超人間的な」属性を付与する現象に由来している。そこでは人間が生みだし、維持しているシステム、組織、制度が、あたかも人間の力を超越した、自分たちの制御を受けつけない存在であるかのように取り扱われる。たとえば、ミルグラム実験の場合、その目的を設定したのも人間であれば、それを遂行するのも被験者を含めた人間である。それにもかかわらず、いつのまにか人間の行為者は消え去り、実験という「場」自体が、独自の「超人間的な影響力」を獲得することになる。ここに至って、主催者ではなく、「場の空気」が実験の続行を求めるのである。実験主催者は被験者に反論を禁止しているわけではない。それにもかかわらず、多くの場合「なぜこのようなひどい実験をしなければならないのか」という当然の質問も出てこない。その反対に被験者は「続けなければならない」という強迫観念にも似た何かに囚われ続けた。また、前述のように、被験者に対する拘束力は実験に関わった時間が長いほどより強化されたという報告もある（『死のテレビ実験』）。このことは空気の絶対化と「共通の時間意識」に深い関わりがあることの傍証となりうるであろう。

　ただし、ミルグラムの分析ではもっぱら被験者の服従に強調点が置かれている。そのため、実験目的を設定し、場の空気を生みだすきっかけとなった「主催者」対「被験者」という構図に問題が矮小化されている傾向がある。言い換えれば、そこでは場の空気の被害者は被験者のみであるという誤解を招きかねない。しかし、そうとは限らない。むしろ、ある出来事の流れがひとりの人物の意図によって始まったのだとしても、いったん事態が動きだしたら、その人物の手を離れて、自分ではもはや止めようがない状況になることの方が珍しくないように思われる。実際、ミルグラム実験は被験者に対する心理的悪影響への懸念から、現在ではその実行に大きな規制がかかっている。当時の関係者にも同様の懸念から実験に疑問を抱いていた人もいたが、それを口に出せる空気

にはなく、そのうち麻痺（思考欠如）したのかもしれない。また、ミルグラム自身の手記に初期段階では吐露されている実験に対する葛藤が、後にはまったく確認できなくなるという興味深い事実も以上の推測を後押ししているようにも思われる（『服従実験とは何だったのか』参照）。

第6節　「意見」表明の意味

　ただの物質、あるいは全知全能ならぬただの人間が作りだした仕組みのもとに人々が集うことで、それらにもともとはなかった絶対的な何かが付与され、最終的に人々の行動を支配するに至る。その目に見えず、触ることもできない何かがしばしば「空気」と称される。では、このような空気の絶対的な支配から逃れるためにどうすればいいのか。その手がかりは、すでに指摘された「絶対的」でありながらも「ゆらぎ」をもつという空気の矛盾した性質に求められるであろう。生物学的な意味で取り入れられる空気は普段、明確な形で意識されることはない。これと同様に、場の空気が絶対的な支配を発揮している場合はそもそもそれに支配されていることが自覚されないと考えられる。その支配が有益かどうかは別にしても、その時、空気は文化や習慣の形で当たり前のようにわれわれになじんでいる。それに対して、普段「意識されていない」空気についてあえて言及されるのは、「口に出せる空気ではない」、「空気を読め／読めない」において顕著なように、空気の絶対性にゆらぎが生じている時であり、それは居心地の悪さとして経験される。また、すでに指摘されたように、そこにおいては新たな空気に入れ替わることが期待されている場合さえある。もちろん、その居心地の悪さを解消するために、空気をもとの意識されない状態に戻そうとすることも考えられるが、空気にしたがい続けることが道徳的・論理的判断に照らして是とされない場合には、空気をゆらいだ状態にとどめておく必要がある。すなわち、「対象の相対化」である。この点で、山本も全体主義という時代の空気に対抗しようとしたアレントも見解を共にしている。

　ここではまず、ミルグラムが報告しているひとりの被験者（旧約聖書の教授）

のケースを材料にして考えてみたい。彼は150Vの段階で続行を拒否し、実験の意義や安全性を説いて再開を勧告する主催者に「それはあなたの意見でしょう（that's your opinion.）」と冷ややかに述べた。彼は主催者との決裂を恐れず、実験の非人道性、被害者の身体および精神へのダメージについて繰り返し訴えるが、それがのれんに腕押しであることを悟ると、主催者を論理的議論の相手たりえないと軽蔑の念を向ける。さらに彼は、自分に異議申し立てすることを許さない場の空気自体を当てこすりさえしている。ここで被験者は絶対的にも思われる場の空気を相対化することに成功している。それは自分の状況そのものの外部に立ち、メタ的視点から皮肉ってみせる発言からも明らかであるが、特に決定的であるのは「それはあなたの意見でしょう」という発言である。これはどうということのない発言に見えるが、場の空気を絶対視していては出てこないものである。「あなたの意見がある」ということは、同時に「さまざまな別の意見も存在する」ということである。その内容を問わず、意見表明には空気の絶対視による自主規制状態を破壊する機能が備わっている。

　アレントが特に重視したのもこうした「意見」の作用である。彼女によれば、「意見」を意味するギリシア語「ドクサ（doxa）」は「私にはこのように見える（dokei moi）」から派生したものであり、意見交換は人々が共有している事柄を互いの立場から眺め、まったく違った、しばしば対立する側面から見ることを可能にする。それは自明視されていた既存の関係が別様でもありうることをあらわにする契機となる。彼女はこうした営みを「活動（action）」と呼ぶ。そこで表明される意見は必ずしも論理的、説得的である必要はない。ものの見え方がそれぞれ違い、各自が異なった「パースペクティブ」を有しているのは当然のことである。その当然のことを示すのが重要なのである。「私にはこのように見える」と。たとえあなたの意見が根拠薄弱であったとしても、そこで相手にはあなたを論駁する必要が生まれる。すなわち、事態の進行と共に支配的になっていた「空気」という基準が払いのけられ、論理・道徳的基準による議論へと立ち戻るのである。アレントは『人間の条件』（1958年）において「活動」を「破滅を妨げ、新規まき直しに事を始める能力」と規定しているが、そ

のゆえんはここにある。もちろん、相手に説得する気など欠片もなく思考を放棄して、「空気を読む」ことをどこまでもあなたに強要する場合もある。しかし、相手が「空気」を基準としてもちださざるをえない状況自体が、その絶対性が損なわれていることを同時に示している。そこでは普段自明視され、意識されない空気を相手の「意識の俎上に引きずりだすこと」には少なくとも成功しているからである。むしろ、空気が意識されない時の方が危険なのである。

　人それぞれでものの見方が違うのは当然なことである。そして、これを同質化しようとするところに空気は抑圧的なものとして現れてくる。アレントは活動を通じて、人々は単なる人材・人的資源 (human material) のような物質的対象としてではなく、それぞれ異なった個人として現れることができると考えている。彼女は、同質化や同一性としての連帯ではなく、対立を対立として認めた上での、対立しつつも同じ関心を共有する者同士としての連帯の構築を目指す。そこに単に孤立しているのではなく、共通の時間意識を維持しつつも、空気に支配されない「我々」の在り方を見いだせはしないだろうか。

むすびにかえて

　空気を取り入れることができない状況は生存に関わる危機である。そして、それが場の空気であっても、しばしば同様の危機感をわれわれに与える。そのため、場の空気がゆらぐとわれわれは息苦しさを感じ、気圧を維持しようと神経質になる。また、現在所属している場の外部があたかも真空状態であるかのように思われ、そこからはじきだされたらもはや生存が不可能になるのではないかという恐れが生じる。実際は必ずしもそのようなことはないのであるが、それとこれとは別である。その恐れは、論理的判断、道徳的判断などものともしない圧倒的な力をもってわれわれに迫ってくる。どれだけその不確かさを指摘しようとも、当事者が現に空気に対して決して失ってはならないような絶対性を感じてしまうこと自体は取り消せないのである。それどころか、その絶対性を論理などを用いて相対化しようと試みる議論の過程それ自体が、新たな空

気を生みだす温床となる。この終わりの見えない状況をアレントは「人間関係の網の目（web）」と呼んだ。そこにおいて人間は活動すればするほど「受難者」とならざるをえない。人間関係のしがらみをどれだけふりほどこうとあがいても、それは「くもの巣（web）」のように気づかぬうちにどこまでも体にまとわりついてくる。この意味で、完全な孤立の内に生きる、あるいは今いる場を離脱しさえすれば恐れから解放されるというのは単なる幼児性の発露にとどまる。つまり、どこまでいってもわれわれは空気の絶対性を失う恐れとは無縁ではいられない。そして、この恐れから無理に目をそらし、空気を不変のものと見なそうとすれば、それは空気の攪乱者に対する敵意や排除を生みだすことになる。そこでは、普段は隠されている恐れや不安をあらわにすること、すなわち居心地の悪さをもたらすこと自体が非道徳的とされることになる。この点からすれば「立ち止まってひとりになって思考すること」も、そこから生まれた「意見を表明すること」もきわめてハードルが高い「勇気」を必要とする行為であり、仮にそれを成し遂げたとしても徒労しか残らないのではないかと言いたくもなるだろう。この意味で本稿が果たしたのは、多くの先人たちの力を借りた上で、われわれをそうせざるをえなくする「何か」にごくわずかな記述をつけ加えただけにとどまる。

　ただし、この「私なりの見え方」の記述がその「何か」を相対化する意見表明のひとつにはなりうるとは言えるかもしれない。思考すること、あるいは思想を学ぶことの意味は、「ハウ・ツー」を学ぶことではなく、むしろ自分の置かれた状況を相対化する視点を自己の内部に作り上げることにあり、意見表明はその外的な表現である。「私には自分の置かれた状況がこのように見える」。これは誰しも異なった仕方で示されるものであり、そこにアレントは人間がこれまでにない「新たなこと」を生みだしうるという希望を見いだした。確かに意見表明には勇気が必要とされる。しかし、危機や矛盾が誰の目に対してもあらわなものとして「意識」され、誰もが何かを考え始めている状況は、皮肉ではあるが「新しい何か」を世界に挿入する好機でもあると言えるのであり、またそうすることが誰に対しても求められ、暗に期待されていると思われるので

ある。 (出雲　春明)

【引用・参考文献】

阿部謹也『学問と「世間」』、岩波新書、2001 年。

H. Arendt, *The Human Condition*, The University of Chicago Press, 1998.（『人間の条件』、志水速雄訳、ちくま学芸文庫、1994 年）。

─────, *Between Past and Future*, Penguin Books, 1993.（『過去と未来の間』、齋藤純一［他］訳、みすず書房、1994 年）。

─────, *Eichmann in Jerusalem: A Report on the Banality of Evil*, Penguin Books, 2006.（『イェルサレムのアイヒマン―悪の陳腐さについての報告』、大久保和郎訳、みすず書房、1969 年）。

─────, *The Life of Mind I: Thinking*, ed. by M. Maccarthy, Harcourt Brace, 1978.（『精神の生活（上）第一部：思考』、佐藤和夫訳、岩波書店、1994 年）。

T・ブラス『服従実験とは何だったのか―スタンレー・ミルグラムの生涯と遺産』、野島久雄・藍澤美紀訳、誠信書房、2008 年。

S. Milgram, *Obedience to Authority: An Experimental View*, Harper & Row Publishers, 1974.（『服従の心理―アイヒマン実験』、岸田秀訳、河出書房新社、1975 年）。

C・ニック & M・エルチャニノフ『死のテレビ実験―人はそこまで服従するのか』、高野優訳、河出書房新社、2011 年。

山本七平『「空気」の研究』、文春文庫、1983 年。

『広辞苑 第五版』、新村出編、岩波書店、1998 年。

"Restaurant Shift Turns Into Nightmare", *ABC News*, Nov. 10, 2005, original ABC News report on Kentucky incident.（http://abcnews.go.com/2020/story?id=1297922）

コラム：ソクラテスの問答法

　西洋思想を学ぶ上で古代ギリシアの哲学者ソクラテス（Socrates, 前 469 頃 - 前 399）に触れずに済ますことはできない。彼自身には著作がないが、われわれはその思想を弟子のプラトン（Platon, 前 427- 前 347）による記述からうかがい知ることができる。『ソクラテスの弁明』によれば、ソクラテスは自身のことを最高の賢者であると告げた神託に納得せず、世に名高い賢者たちと対話を重ね、自分の無知を証明しようとする。その結果、導きだされた結論は「無知の自覚」

こそが真の知恵であるということだった。対話を通じて賢者たちがみずからの知恵の不確かさを自覚せずに誇っていることが暴露されたからである。しかし、面子をつぶされる形になった彼らは告発という手段をとり、市民たちの理解も得られなかったためソクラテスは死刑に処されることになる。

　ソクラテスが行ったのは常識とされている思い込みの「相対化」である。彼は共同体を「馬」に、みずからを「あぶ」にたとえる。彼は、眠っている馬を針で目覚めさせるあぶのように、対話によって人々を揺り動かし、みずからの在り方について考え直すきっかけになろうとする。しかし、彼はこの空気を読まない行動が人々に受け入れられないことも理解していた。鬱陶しい虫を叩き殺すように、人々は自分を生かしてはおかないだろうと。事実、その通りとなった。死刑はやりすぎと思うだろうか。だが、われわれも空気を読まない者に対して、黙殺（無視）、排除という手段をとることがある。この点で、時間も距離も遠く離れた出来事ではあるが、それは今なお私たちに普遍的な問題を投げかけ続けている。無知の自覚はすべての人々を裸の個人に引き戻す。そして、ソクラテスはこの対等な関係に立った上で「よき生」を共に探求しようと呼びかける。これがソクラテスの「問答法・対話術（dialektike）」である。彼のこの姿勢は後の西洋思想に大きな影響を与えていくことになる。

5 大学生の変容と大学の理念

　ここでは、大学生と「見なされてきた者」たちおよび大学がどのような経緯で現在にいたっているのか、その歴史的特徴を明らかにする。ピックアップしたのは、ボローニャ大学とベルリン大学である。ボローニャ大学は大学制度を開始した教育機関であり、ベルリン大学は近代大学の祖であるのが、着目した理由である。これらの大学に着目し、それによって見いだされた結論は、怠慢な大学生はこんにち特有の問題ではないということ、そしてこの問題への対処として大学の本質でもある教師と学生の十全な人間関係があらためて問われなければならないということである。この十全な人間関係の実現として、ヤスパースの交わりの概念を参照しながら、口語による教育の意義を確認することが本論の主題である。

　大学生に対する評価は一定しない。大学生は勉学・学業に励む者として一方では肯定的に評価されながらも、他方では苦役や責任から解放されたモラトリアムを享受する者という否定的評価の対象にすらなる。同様に大学生を志す者のなかでも、勉学・研究のために進学を選ぶ者がいるのと同時に、自由な生活を謳歌するために進学を希望する者も一定数存在する。

　こうした意識のちがいについて、トロウの研究成果は示唆的である。トロウは高等教育の発展段階についてエリート段階、マス段階、ユニバーサル段階という諸区分を設けている。かれはこれら区分の境界線を定量的に表示している。高等教育への入学者数の同年齢層が15％までを収容する段階はエリート段階であり、15％から50％までを収容する段階がマス段階で、50％以上の者が入学する場合ではユニバーサル段階である。

　こうした歴史的なフレームワークを形成した後に、トロウはこれら諸段階の

特徴を多岐にわたり詳細に説明している。たとえば進学機会の場合では、エリート段階の学生は進学を「特権」と見なし、マス段階の学生は「権利」と捉え、そしてユニバーサル段階の学生は「義務」と感じるようになる[1]。このことについてより詳しくいえば、かつて能力と出自の両方が問われた高等教育への進学機会は、徐々に出自という制約から解放され能力だけが問題になっていき（能力におうじた正当な機会として）、やがて学生の多様化におうじて入学の間口がひろがっていくにつれ、進学に義務感がともなってくるようになる。この義務感とは、「み・ん・な・大学を出ているのだから、わたしも大学ぐらい出ておかないとい・け・な・い・」という、この「いけない」に相当する。ここでの問題は高等教育の準義務化にある。高等教育への進学率が増大する現象は、近代市民社会の平等原則の実現として高く評価できる。しかし勉学や研究をしたくはないが高等教育機関には所属したいというズレが、進学希望者のなかに同居してしまうのは問題である。

　しかしこの問題をひるがえって考察すると、現代特有の問題というわけでもない。これは大学が制度として誕生して以来、常に問われてきた事態でもあった。トロウもまたこうした問題性を認めており、自身の歴史的な理論的枠組みが修正される余地を認めている。要するに、能力と出自が問われていた段階においても、研究をしたくはないが高等教育機関には所属したいと望む者の数は一定数存在したのである。

　さて本章ではかつての大学が、こうした学生たちにいかに対処したのかを確認したい。制度としての大学が開始された中世のボローニャ大学、そして近代的大学の祖と評価されるベルリン大学においても、こうした学生たちとの関係は無視できない問題なのであった。

第1節　ボローニャ大学の大学生たち

1.「大学」という語

　現在にいたる大学という制度・機関の歴史は、1158年に神聖ローマ帝国皇

帝の特許状により法的に承認されたボローニャ大学にまでさかのぼることができる。このボローニャ大学がそれ以前の学校と決定的に異なった点として、テキストの使用や講義や討論といった授業方法の確立、試験や学位による学習過程の認可、そして学部といった学問分野の分類等を指摘することができる。

現在において使用される「大学」という日本語は、Universität（ドイツ語）やuniversity（英語）に由来する意味を多分にもつ。Universitätやuniversityはuniversitas（ラテン語）を語源とするが、この語は当初、施設や場所を含意していなかった。このuniversitasはひとびとの集団（組合や団体）を指示し、「教師と学生の組合」という意味あいを主としてもっていた。今日的な意味にちかい大学は、当時ではストゥディウム・ゲネラーレ（studium generale）といわれ、ボローニャ大学が特許状によって実質的に認定されたのは、ストゥディウム・ゲネラーレとしての機能と意義である。

2. ボローニャ大学の大学生たち

ボローニャ大学は、おおくの学生たちを収容する機関となり、そこには多数の国や地域の若者があつまるユニバーサルな「場」をボローニャのいたるところに形成した。大多数の学生たちにとって、ボローニャという町は異邦であり、学生たちと町民の間で、あるいは異なる習慣や文化をもつ学生たちの間で、対立や衝突がしばしば生じた。ボローニャという町にとって異邦人であった学生たちは法的に保護されておらず、このために自己防衛を目的とする互助組織として、コンソルティアという団体が形成されたのである。この団体はその後、その団結力を高めるために、同郷のあるいは同一言語を話す団体としての国民団（natio）へ変貌した。ネーション（国民国家）と語源的連関をもつnatioが大学の歴史とみっせつな関係をもっているのは示唆的である。

さてこの国民団がさらに大学団へと発展した時、学生と教師の間で決定的な変化が生じた。元来、自己防衛を目的とした団体は、大学団にまで発展した時「教育関係事項への統制権」[2]を獲得するまでにいたった。これにより学生側から教育内容の規定を決定できるようになったのである。この規定の具体例とし

て、書物の選定および承認、さらには教師の選抜等を指摘できる。これによって、学生たちが講義で使用されるテキストを、ひいては講義をおこなう者を選出できるようになったのであった。

　大学団が結成される以前では、ボローニャ大学の教授たちは、学生たちから直接、聴講料を徴収していた。またボローニャ大学は固有のキャンパスをもたず、町中のいたるところが大学の施設として利用されていたこともあり、たいていの学生たちはかなりの時間を教授たちと共有したのであった。したがって学生たちのおおくは教授たちと「運命共同体的な家族的絆」[3]によって結ばれていた。もっともこの時代でもすでに、家族的絆と対照的な利益共同体的関係が一定に存していたのは確かである。しかし学生の側で、国民団、大学団が結成されるにつれ利益共同体的関係が強まり、これに呼応して家族的関係は薄弱化していったのである。

　大学団が結成されてから、学生たちは教授たちへ聴講料を直接支払わず、大学団へと支払い、そして大学団を経由して教授たちのもとへと聴講料は支払われた。中世ボローニャ大学では、学生たちの大学内部での権力は決定的であった。

　さてこうした経緯をふまえ、中世ボローニャ大学の学生たちの生活がどんなものであったのかをみておきたい。「当時の文法教師が集めた書簡集には、放蕩生活にふけりすぎたり、勉学よりも娯楽や女性により熱中した学生の息子にあてた、両親の叱責の手紙が数多く含まれている」[4]。大学はその制度が開始された最初期の頃から、向上心や意欲の低い学生たちの在籍という問題をかかえていた。中世ボローニャ大学でこうした学生たちへの対応策に本腰をいれたという痕跡はみあたらない。

3. 大学生でいることの価値

　中世ボローニャ大学では、意欲の低い学生たちへの対応策を講じる必要がそもそもなかったのかもしれない。怠惰な学生たちの数が増えれば、聴講料の額が減るために教授陣の生活が困窮へおちいるのは確かである。それにもかかわ

らず、中世ボローニャ大学で怠惰な学生たちを容認できた理由に関しては、大学という制度・機関に、当初から交換価値・付加価値が認められていたと仮定し、この仮定から理由づけを試みてみたい。

　交換価値が認められているからこそ、学習内容は購入されうる。われわれは、自分自身の貨幣をもちいて自己の願望を実現する。たとえば空腹な者は満腹になるために貨幣をもちいて食事をとる。同様に知識を獲得したい者は、貨幣をもちいて学習をする。自己の願望に見合う価値が対象に認められる場合、われわれはその対象を所有するために貨幣をもちいる。この対象の所有は、物の所持だけを意味せず、場所の占有や所属をも含意する。学習内容の習得を度外視しても、学校等に所属しているだけで価値が認められるならば、入学料の支払いは同意されるであろう。願望に見合う価値や願望にふさわしい価値として妥当するのが交換価値である。

　またここでの付加価値は、たとえば高等教育機関で修学する場合であれば、修学以上の価値、すなわち社会的承認や社会的意義を意味する。とりわけ入学の難易度が高まると、この価値も高まる。この場合であれば、希少性がこの付加価値に結合し、価値そのものを増大させる。入学者が厳しく選別されればされるほど、入学できたという事実に希少価値が認められるというわけである。社会的承認は、社会の成員からの是認だけでなく、制度上においても生じる。学生特有の割引や免除というものは、制度上で承認された制度である。制度上でも社会的にも、学生という立場は特権的でありステータスですらある。したがって他者から承認されたいという欲求を強くもつ者にとって、大学生という身分・立場は魅力的となる。この承認は学校に所属しているという事実だけで発生し、さらに修了という認可によって十全に補完される。

4. 大学を価値づける人格

　中世ボローニャ大学は法学に強かった。中世の都市が活性化すると、そこでは商業もおおきく発展し、これにともない契約上の問題が多数発生した。したがって法学的な解決をはかることができる人材が社会的に必要とされた。ボロ

ーニャ大学には、ペポやイルネリウスなど法学で著名な学者が多数いたのであり、これら学者たちとの関係に対する社会的な承認を、学生たちは欲していたとかんがえられる。

　このことから、試験の難易度調整等によって放蕩にふける学生たちに対応せずとも大学が存続できた理由を見いだすことができる。教師という人格こそが、そしてこの人格に代表される権威こそが、大学と学生たちを、ひいては大学と社会を結びつけていたために、大学は存立しえたのである。「学生たちはその団体の力によって教師たちを統制してはいたが、教師に対して敬虔の念を抱くことが多かったのである。それはすでに述べたように、親密な家族的関係が両者の土台にあったことに加えて、教師たちに、空虚な権威ではなく、十分な学識に裏づけられた威厳を備えている人物が多かったからでもあろう」[5]。この権威に社会的ステータスだけしか認められず、人格や威厳としての実質をともなわない場合、そこには空虚な権威しか存立しえず、こうした教師たちは学生たちから見限られていったであろう。ひいては学校制度そのものも空洞化していったであろう。問題は実質をともなった人格的権威なのである。

　ボローニャ大学と同時代に誕生したパリ大学において、アベラール（1079-1142）という唯名論の哲学者・神学者が著名な学者として、おおくの若者たちを魅了した。そしてこのことは、ボローニャ大学が法学に強い学校であったのに対して、パリ大学が神学に強い学校であった歴史的事実にも符合する。著名な学者の人格や権威は、学校の特色にすら合致したのであった。

　しかしこうしたボローニャ大学も、やがて衰退の時期をむかえるにいたった。この衰退のおもな原因のひとつとして、権威ある学者の各大学への、あるいは大学外への拡散を指摘できよう。そしてこのことはボローニャ大学をふくむおおくの大学が経験した危機ですらあった。近代という時代を社会がむかえようとした際、大学の社会的な意義はおおきく減退した。近代黎明期の哲学者や科学者のおおくの者たちが、大学の外部から出現したことも、その一因であったと見なせよう。

第2節　ベルリン大学の大学生たちとフンボルトの大学の理念

1. ベルリン大学の大学生たち

　近代黎明期の哲学者のおおくは、大学の外部にて活動をした。哲学史の教科書において近代哲学者として登場するベーコン（1561-1626）、デカルト（1596-1650）、ロック（1632-1704）、ライプニッツ（1646-1716）等は大学の外で活動した。ひいては大学という制度そのものに対して否定的であり、独自の教育機関を唱導した哲学者も一定数存在していた。たいていの教科書の記述される近代以降の哲学者のなかで、大学に所属した教員でありながら、哲学者として認められている最初の者はカント（1724-1804）である。しかしこのカントもまた、大学で職を獲得したのはかなりの年月をへた後であり、それまでは大学外の活動で生計を立てていた。

　さてこのカント以後、ドイツでは哲学という学問領域においてドイツ観念論と称される哲学史的潮流を形成するにいたった。そしてこの潮流と関係のふかい大学がある。それはベルリン大学である。この大学にはフィヒテ（J. G. Fichte, 1762-1814）やヘーゲル（1770-1831）等、著名な哲学者が総長に就任している。

　近代大学の祖とさえ呼称されるベルリン大学の現在の正式名称はフンボルト大学ベルリンである。この名称にすでに示されているように、この大学の創立にヴィルヘルム・フォン・フンボルト（W. von Humboldt, 1767-1835）はかなり尽力したのであった。フンボルトはこの大学を創立させようとした際、そこにはふたつの意図があった。まずはこのフンボルトの意図を確認しておきたい。

　フンボルトは1809年に内務省の宗教・公教育局長に任じられた。局長フンボルトの課題として、1807年のティルジット講和条約によってきりつめられた領土問題があった。ナポレオン率いるフランス軍に敗れたプロイセンはこの条約によって領土をおおくうしない、これにともない領土内の大学もうしなってしまったからである。それにより生じたのが、大学の意義の問題である。すでに大学という制度よりも高等専門学校等の教育に力をいれはじめたフランスに戦争で敗れたプロイセンでは、大学批判が活発化したのであった。この大学

批判は、主として功利主義的な観点より発せられた。

ナポレオン 1 世が 1806 年に創設した帝国大学制度では、フランス国内の 22 の既存の大学を廃校にした。これによりフランスでは功利主義的・実用主義的な観点を重視した高等専門学校が大学に代わり再編成されるようになった。

この動向にプロイセンも追従すべきであるか、あるいは抵抗すべきであるかということをめぐり論争が生じたのである。追従すべきとかんがえた者の代表者にはイポリット・テーヌがおり、抵抗すべきとかんがえた者の代表者にフンボルトがいた。以下ではそれぞれの論点を整理しておきたい。

2. フンボルトの大学の理念

テーヌの観点によれば、ナポレオン 1 世の帝国大学制度には賞賛すべき価値が認められる。それというのも、ナポレオンの帝国大学制度によって、国家権力にもとづく大学制度の植民地化がおおいに進捗するからである。大学制度の植民地化によって、人間の成長にとって効果的かつ重要な活動が活性化する。テーヌは大学制度に国民教育という目標、有為な公民の育成という目標を掲げた。この目標は大学の自治だけでは達成が困難であり、国家による統治・管理が必要であった。テーヌにとって大学教育の目標は、国家や社会に役立つ人材の育成を意味していた。

フンボルトは高等学術施設の、すなわち大学の目標という点では、テーヌと同意見であった。フンボルトもまた、大学の目標は国家や社会に資する人材の陶冶とかんがえていたのであった。しかしフンボルトの場合、大学の理念として研究と教育の結合を標榜する点で、テーヌから決定的に異なっている。フンボルトによれば、この研究と教育の結合は、実利主義的な政策では不可能であり、理念を考慮した政策、いってみれば精神的な政策によって可能なのである。

フンボルトが理念を重要視した理由は、大学の改革という理想がふかく影響をおよぼしている。テーヌもまた中世以来の大学の改革の必要性を感じとっていた。しかしテーヌが従来の大学制度に変化をくわえることで、すなわち実利主義的観点をとりいれることで大学の改革が成功できると見なしていたのに対

して、フンボルトはこの変化だけで改革された大学の制度は不徹底に終ると見なしたのである。「制度の創設がなされるためには、そうした制度が生起すべき当の生活領域について新しい精神的・客観的な構想がまず現れなければならない」[6]。この新しい精神的・客観的な構想は、理念としてのみ存立する。

テーヌの立場を代弁すると、精神的・客観的構想の実現として国家が考慮されていたと見なせよう。これに対してフンボルトの立場では、精神的・客観的構想はあくまで構想であり、国境線等で区切ることが可能な領土にも代表される国家のように、現実的・実在的に存在することがない。フンボルトにとって理念というものは、あくまで運動としてのみ現実世界に影響をおよぼすのである。

それではこの運動としての理念は、具体的にどのようなものとして想定できるのか。フンボルトは運動としての理念のはたらきかけとして、具体的に教師と学生の共同作業を指摘している。以下ではこの共同作業について確認しておきたい。

3. 大学の理念と現実の関係

フンボルトが教師と学生の共同作業について詳細に論述しているのは、「ベルリン高等学術施設の内的および外的組織」という草稿である。この草稿は、ベルリンへの大学移転の問題の時に起草されたものであり、フンボルトの大学の理念の特色を鮮明にあらわしている。

この草稿のなかでフンボルトは、高等学術施設の特徴を、国民の道徳的教養のために有益な素材が凝縮した場と捉える。この素材は学問を意味する。学問が素材となって国民に教養がそなわり、これにより教育や陶冶は促進される。学問への従事を支える場としての学校は内的本質と外的本質に区分される。内的本質は客観的学問と主観的陶冶の結合を意味する。そして外的本質は修了された学校教育と研究活動の結合を意味する。したがって、ここでの内的本質と外的本質の大枠としてのちがいは、運動の向かう先をあらわしている。内的本質による運動は客観的な学問（外）から主観的陶冶（内）へと向かい、外的本質による運動は修了された学校教育（内）から研究活動（外）へと向かう。前

者の移行は授業内容の習得であり、後者は習得された知識を実践させる共同活動として実現する。高等学術施設の内的本質によって習得された授業内容は、主観的な陶冶を刺激し、さらに発展的な研究活動へ展開され、この発展的な研究活動の成果はひるがえって学生たちの主観的陶冶へと歴史的に移行する。

　さて、フンボルトが高等学術施設に道徳的効果を、すなわち主観的陶冶を期待した理由は、当時のドイツの大学生たちの日常的な振る舞いがふかく関係している。当時のドイツの大学生たちの日常生活の実態は、現代の大学生たちよりも性質の悪いものであった。

　17世紀から18世紀にかけてのドイツの大学生たちは、自由な生活をもとめて大学へ入学した。この点は現代の大学生たちにも共通している。しかしながら中世以来の伝統を色濃く残す近代初期の大学では、決定的に異なった面がある。それは学生結社による脅迫活動の有無である。

　当時のドイツの大学生たちは、集団退去という脅迫によって、現代の大学生とは比べものにならないぐらい自由に行動できた。当時の大学町では、大学生たちが経済の基盤をになっていた。酒屋であろうと、宿屋であろうと、おもな収入源は学生たちであった。したがって、ある大学町から学生たちが一斉に退去してしまうと、その大学町で生計をたてていた住人は大変な困窮におちいってしまったのである。このことから、町の経済を活性化させる一大企業としての大学の役割を見いだすことができる。大学の設立は、大学が設立される町の住民にとっておおきな意味をもっていた。大学が設立されれば、そこにおおくの学生たちが集まり、おおきな経済効果をうみだしたからである。これの他面に着目すると、学生たちこそが町や大学を支えていたという事実をみてとることができよう。当時の学生たちは、すでにこの事実を明確に自覚していた。学生たちの集団退去という脅迫行為は、こうした事情を背景にもっていたのである。

　さて、フンボルトによって設立されたベルリン大学の学長に就任したフィヒテは、学長就任講演のなかで、自由な生活のために入学してくる学生たちに釘を刺している。フィヒテもまた、フンボルトと同様に、そしてこれは現代の大学教員にも同様に、高等学術施設にふさわしくない学生たちへの対処という問

題をかかえていた。当時のフィヒテがとりわけ問題視したのは、学生結社を組み、大学町で好き放題に活動していた学生たちである。

フィヒテはこうした学生たちを念頭におきながら、ベルリンが経済的に十分に発展している大都会であることを総長就任講演のなかで強調している。ベルリンという都市の経済的規模を考慮にいれることで、学生たちの追放さえもフィヒテは堂々と宣言できたのであった。

学生たちの行動規制という問題は、当時のドイツの大学にとって無視できない問題であった。フンボルトは、フィヒテから異なるアプローチでこの問題への対処を試みた。道徳的な教養や常識を学生たちに教示する方法としてフンボルトが選んだのは、研究と教育の結合である。

フンボルトは研究と教育の結合を精神的活動と捉え、具体的には教師と学生の共同作業に見いだしている。教師と学生が存在する理由を、フンボルトは学問に見いだしている。学生は学問をめぐる共同作業をつうじて教師からの精神的陶冶の契機をあたえられる。教師は学生たちからの触発によって、自身の研究の突破口を見いだす。フンボルトは、教師から学生への一方的な関係を想定していたわけではなく、むしろ相互的関係の重要性を強調する。教師はおとろえつつある研究への力を、学生たちとの交わりにおいて充填させる。また専門的になればなるだけ偏ってしまう視点の固定化を、学生たちとの交わりにおいて柔軟化させる。これと同時に、学生たちは教師との研究上の交わりによって精神的陶冶の契機をあたえられる。このことについてはより詳しく説明しておきたい。

なぜ、教師と研究上の交わりをつうじることで、学生たちは精神的にも成長できるのであろうか。この問いに答えるためには、そもそも成長とは何か、そして陶冶とは何かについてあらかじめ確定しておく必要がある。フンボルトにとって教育とは精神的・内面的活動を意味した。同様に学問もまた精神的・内面的活動を意味する。ここでの問題は両者を大枠において統括している教養理念であり、そして自律の概念である。

大学の本質は内的本質と外的本質に区分されていた。そしてこれらの本質は、理念による運動、すなわち内的移行と外的移行によって現実化される。内

的本質が学習の習得であり、外的本質は研究の実践であった。学習の習得において、学生たちは教師に追従する者であり、そして従属する者であり、いってみれば教師による他律である。しかし外的本質においては教師の教育から自由になり、孤独にかつ自律的に研究する者となる。この他律から自律への決定的な変化に、フンボルトは研究と教育の結合を見いだしていたとかんがえられる。フンボルトにとって教育の本義は、自律と独立への触発であった。

　もちろんフンボルトは、この研究上の独立が、そのまま実社会の自立に直結するとはかんがえていなかった。実社会において職業上で問われる資質や能力は、学校教育から別個に習得される必要がある。しかし職業上で問われる資質は、学校教育においても準備可能な性質をもつ。それがまさに教師との交わり、いってみれば人間同士の交わりなのである。

　このフンボルトの大学の理念は、ベルリン大学創立百周年の時ハルナックにより唱道され、さらにはヤスパース（K. Jaspers, 1883-1969）へといたるのであるが、ヤスパースの大学の理念を確認する前に、ベルリン大学をめぐるフィヒテとフンボルトの立場の相違を明確化しておきたい。

4. 大学の内的改革

　大学の立地条件が整えられた上で、学生たちをきびしく取り締まる制度が確立すれば、学生たちは勉強せざるをえなくなるとフィヒテはかんがえた。フィヒテの学生たちへの対応は外的である。すなわち学生の内的な動機を重視するよりも、外的な制度や規則によって縛ることにフィヒテの関心はある。これに対してフンボルトの対応は内的である。学生たちは研究に打ち込むことで自然的に道徳的な素養や教養、そして社会的常識を習得する。しかしフィヒテの立場を代弁すれば、フンボルトの対処に対して研究の動機づけという点を批判することができよう。研究への意欲が低いにもかかわらず大学へ入学した学生たちに、研究や勉学への意欲をあたえるのはいかにして可能であるのか。この問いについては、フンボルトの大学批判の観点を確認する必要がある。

　フンボルトがベルリン大学の移転問題に対処していた時代は、中世より連綿

と続いてきたスコラ哲学の教授法が大学を席巻していた。かつては豊穣な機知に富んでいた教授法も、フンボルトの時代にはどうやら形骸化したようである。これはまた、フンボルトが大学という名称の使用に対して慎重であった理由であり、場合によって意図的に避けて「高等学術施設」という名称を採用した理由でもあった。ここでは、大学論を専門とする研究者シェルスキーの指摘を参照することで、フンボルトが批判的であった当時の大学の教授法の実態を確認しておきたい。

　シェルスキーはフンボルトが批判的であった大学の教授法を「伝統的諸形式」[7]と呼称する。これは精神的空虚や制度上の非難をひきおこした教授法である。当時の大学は合法的自由を獲得していた。しかし学生たちにとってこの自由は、奔放というニュアンスが多分にあった。すでに確認したように、学生たちの主な行動は道徳的教養を欠いた喧騒に等しかった。そしてこれに呼応するかのように、あるいは呼応させているかのように、大学の教授法も形骸化した形しか残されていなかった。シェルスキーはこの形骸化した教授法を講義（lectio）と討論（disputatio）に見いだす。講義とは、教師が規定の教科書への説明と注釈を加える教授法である。討論もまた、規定の筋道にしたがった議論の応酬であり、討論する前に討論し終えてしまう事態を誘発しがちであった。端的にいってしまえば、台本が用意された議論の応酬になりがちであった。この点で、大学の本質たる未知の領域への果敢な探究精神は損なわれてしまう。

　フンボルトは、学校と高等学術施設が別種のものであるとかんがえていた。すでに決定された知識が教示される場が学校であるのに対して、高等学術施設は完全に解決されていない問題に従事する。この解決されていない問題を解決する実践こそが、高等学術施設における教師と学生の精神的活動なのである。したがってフンボルトの立場を代弁すると、これまでの教授法が規定の知をめぐる退屈なものであったからこそ、学生たちは学習への意欲を低下させていたのであり、未知の領域への探求精神を活発化させる環境や制度を整えれば、学習への意欲は自然的に向上するということになる。

　それでは、この未知の領域をめぐる教師と学生の精神的活動というものは、

具体的にどのように遂行されるのであろうか。この問題についてのフンボルトの記述は乏しい。ここではヤスパースの大学論を参照することで、この精神的活動の具体的説明を試みてみたい。ヤスパースはフンボルトの大学の理念を継承し、それを発展させようとした顔をもつ哲学者でもある。したがって以下ではヤスパースの大学内での交わりの哲学について明らかにしておきたい。

第3節　ヤスパースにおける大学の理念

1. ヤスパース哲学の基本的特徴

　ヤスパースはたいていの哲学のテキストのなかで実存哲学者として紹介される。かれの哲学を理解しようとするならば、かれの実存哲学がどのような内容であるのか、その基本を知っておくとかれの論調をイメージしやすくなる。このことから以下では、ヤスパースの実存哲学について、まずはおさえておきたい。

　1931年に公刊された『現代の精神的状況』のなかで、ヤスパースは自身の哲学的立場が実存哲学であるとはじめて明言し、この哲学の基本的特徴について以下のように述べている。「実存哲学は、すべての専門知識を利用しつつ、しかしそれらを越えて進む思考であって、それによって人間が人間自身になることもかなえられるようなものである」[8]。要約すれば、実存哲学は専門知識を利用しながら、人間自身になることができる、そういう学問であるということが、ここで述べられている。

　実存哲学が利用する専門知識として、ヤスパースが具体的に想定しているのは、社会学や心理学、そして人間学である。これらの専門知識に共通するのは、人間を客体として観察する学問上の態度である。これに対して、実存哲学はそれから一歩踏みだし、学問に従事する者自身の生成を促す学問である。

　このことについて例示による説明を試みておきたい。たとえば、「川」という対象があるとする。この対象「川」に対して、その川の鳥瞰図を地図によって調べたり、あるいは岸から眺めたりすることで、対象「川」に対してわれわれはその内容に関する記述文を観念上で記入する。たとえばそれは、「この川

は長い」とか、「この川の流れは急である」とか、「この川の水はきれいである」とかいった記述文である。しかしながらこれらの記述文から決定的に異なる内容を、われわれは理解することもできる。たとえば、実際に川で泳いだ体験・実践によって記入される文章が、その内容に該当する。その場合、同一の「この川の流れは急である」という文章でも、岸から眺めたことによって得られた内容と、実際に泳いで獲得された内容は、質的に決定的に異なる。

同様に、「ここには人間がいる」という文章においても、その対象「人間」を客観的に観察するのと、「人間がいる」という実際の存在を、その存在のまま生きることで獲得される内容には、決定的なちがいが生じているというのが、ヤスパースの主張である。前者の客観的対象としての人間を探求するのが、社会学、心理学、そして人間学であるのに対して、後者の遂行的人間を探求するのが、すなわち対象「人間」に接する研究者「人間」の研究そのものも考慮するのが実存哲学なのである。

しかしながらこの説明に違和感を覚える読者もおおいであろう。川の説明であれば、納得できる者は多数いるにちがいない。スポーツや将棋等、実戦と観戦が質的におおきく隔たっているということは、経験的に獲得しやすい知である。これに対して、「観察と実戦」が人間の存在においておおきく隔たっているということは、経験的であろうと観念的であろうと、どちらにせよ納得しづらい。

2. 大衆と実存

この場合、ヤスパースの人間観をおおきく分けるとふたつに大別可能であることに、まずは着目すべきである。一方が本来的な自己を生きる人間であり、他方が本来的ではない自己を生きる人間である。結論を先取りしていえば、本来的でない自己を生きる人間が、いかにして本来的な自己を生きるようにできるのか、ここにヤスパースの実存哲学の問題は収斂する。これは川で泳げない者が、いかにして川で泳ぐことができるのかという問いと、類比的に捉えることもできる。川に関する知識や、体を動かす知識を前提にして、さらに実際に川に泳ぐことに慣れることで、ひとは水泳という行為を習熟する。

さて、それでは本来的な自己とは何か。実際のところ、この問いに一義的な答えや一般的な答えをあたえることは困難である。もし一般的な人間像として本来的な自己が提示されるのであれば、それは社会学的あるいは人類学的アプローチの帰結となる。したがって、個々の人間でいる者たちが個別的に解答すべき問題であるということが帰結する。この個別的な解答をめざして常に問い続ける学問が実存哲学なのである。

　この本来的な自己を説明する試みは別の仕方でも可能である。それは二重否定によって肯定へいたる道筋である。本来的で○は○ない自己を生きて○は○いない者は、本来的な自己を生きる者である。それでは本来的ではない自己を生きる者とはだれか。ヤスパースはこの本来的ではない自己を、大衆に生きる自己に同定させる。大衆として生きる人間を、ヤスパースは次のように描写する。「公共としての大衆の特質は、どのひとりの人間にさえ現存しないのに意見をもっている大多数の人々という幻であることであり、要するに、名無しの他者たち、どんな形ででも互いに出会うことのない多数の人たちであって、しかもこの人たちがその意見によって事を決定するものなのである」[9]。現代であれば、インターネットの掲示板等を想定すると、具体的に理解できる文章であろう。その掲示板を支配する実態のない「空気」、この「空気」は名無しのかつ実体のない他者たちの意見によって形成される。この実体のない他者たちの意見に支配されるとき、ひとは大衆と化す。大衆は「みんな」という実体のない他者たちの後ろ盾を獲得することで、ますます声高に意見を表明する。しかしながらこうした意見はすべて正しいわけではないし、またしたがうべき正当性を獲得しているわけでもない。ヤスパースが具体的に想定しているメディアは新聞やラジオそして映画等であるが、技術的な生産物による限定化された感覚器官を通してのあらたな現実性という点では、インターネットにも共通する枠組みが存する。新聞やネットであれば眼という感覚器官を通じた文語によって獲得された現実が生じ、ラジオであれば耳という感覚器官を通じた口語に特化した現実が生じる。いうまでもなく鼻や舌という感覚器官による現実は制限されている。

　さてここでの問題は、大衆として生きる者が自身の力で判断する力を喪失し

ながら、しかも匿名という力を最大限に利用できる危険が生じてしまう点にある。ヤスパースは現代において大衆として生きることが不可避的であることを、一方では認めている。店で買い物をする場合、電車で移動する場合、われわれは個性を発揮させないための習慣的行為による振る舞いをおこなう。この習慣的行為の源泉もまた、「みんな」という大衆としての振る舞いである。世間的に目立たない行為を知り、さらにそれを実践するということは、日常生活を円滑に営む上では必須の作業である。

しかしそれでもやはり、大衆として生きてよい場面と、そう生きるべきではない場面があるという点にヤスパースの関心は向かっている。たとえば自身の進路の決定をする場合、ヤスパースははっきりというであろう、「自分の人生は自分自身によって選び取らなければならない」と。この自分の人生を自分自身によって選び取るということは、「みんな」の意見や選択を参考にしながら、そこから離れ、ひとり単独者として自分の人生に向きあうことで達成される。したがって、ヤスパースの実存哲学における本来的な人間の根底には、常に単独者として生きる人間と、他者と関係する人間による両輪の運動というイメージが想定されている。それというのも、大衆から離脱した単独者の行為というものは、大衆的行為を忘却した者ではなく、それを前提に実践されるからである。

さて、ここに一匹の猫か鷹がいるとしよう。それぞれの動物には鋭い爪が備わっており、この爪が発揮されることで獲物は捕獲されうる。この点で、猫や鷹の本来性は鋭い爪ということになる。それでは人間の本来性とは何か。ヤスパースは人間の本来性というものを問うことができるという能力に認めている。問うという行為によって、人間は大衆から離脱し、単独者へとたちもどる。この点にこそ、実存哲学というものが人間の本来性を常に発揮し続ける学問であると見定められる理由が、すなわち人間自身という存在の実践的側面であるという理由が存する。

さてこのように、一方では単独者として生きながらも、他方では他者と関係する人間を想定するヤスパースにとって、大学での本来的な行為とはどのように捉えられるのであろうか。以下ではヤスパースの大学論について明らかにし

たい。

3. ヤスパースにおける大学の理念

　ヤスパースによれば、大学の本義は研究の自由にある。この点においてすでに、ヤスパースはフンボルトと同調している。すなわち国家からの干渉を受けずに、研究は自由に遂行されなければならないとヤスパースは見なしているのである。

　ヤスパースによれば研究の自由は、研究者相互の交わりとして、そして教師と学生の交わりとして実現する。この学問をめぐる交わりを、ヤスパースは哲学の具体的な活動とも見なしている。そしてこれは、討論（Disputation）と議論（Diskussion）という形にて遂行される。

　討論は勝利をめぐる意見対立において実施される。討論をひきおこす動機は、対立者の打倒であり、自説の正当性の防衛である。対立者との議論の応酬をかさねることで、自説が次第に明瞭になるところに討論の意義は認められる。討論することを積み重ねることで習得されるのは、原理的帰結を導きだす技法である。ヤスパースが想定する討論（Disputation）は、フンボルトが批判の対象とした討論（disputatio）からかなり隔たっている。フンボルトが批判した討論は、既知の知識をめぐり、台本を用意することができる他者との意見交換であった。これに対してヤスパースは、規定の筋道にしたがった話しあいを討論において想定していない。ヤスパースの討論は、あくまで勝利をめざす議論の応酬である。したがって未知の知識を目指す対話であろうとも、これが勝利をめざすための研鑽であるならば、ヤスパースにとってそれは討論を意味する。

　これに対して議論は、相手を打倒するための衝突でもなければ、自説の正当性の防衛をめぐる対立でもない。議論は終ることのない過程である。討論が一方の勝利や防衛によって終局をむかえることができるのに対して、議論にはこうした終局がない。議論によって見いだされるのは、運動の出発点である。この運動は、自分自身の力によって主導される考察そのものである。したがって、議論の相手が対話の場からいなくなったとしても、議論は独白的な思考を

第5章　大学生の変容と大学の理念　　109

触発し、自身の固有性に合致する思考を見いだすための運動である。
　討論と比較すると、議論は学問上において効率的な作業ではない。対立する思考の表現に直面し、そこで議論が生じたとするならば、効率的な結論が導きだされるわけではない。しかしながらヤスパースは議論における利点を認めている。議論の利点は精神的な交わりの遂行と表現される。端的にいってしまえば、精神的な交わりを通じることで、対話者相互の本来的な思考が、相互に明瞭となるのである。ここでの本来的な思考は、自身の固有性に合致する思考に等しい。
　議論は基本的には、ふたりの者によって遂行される。第三者の存在は議論の妨げになってしまうことがある。この理由は、第三者の存在を意識することで、議論に参与する者たちが権力衝動に駆られてしまうからである。たとえばその第三者に気にいられたいと常々思っていた者と議論していた場合、その第三者が議論の場に加わることで、これまでの意見が覆され、その第三者の意見にすすんで同調してしまう事態を想定することはたやすい。対話における権力衝動として、同調などの迎合や、注目を集める承認欲求などを指摘できる。
　もちろん、こうした権力衝動に駆られない議論も存在する。こうした多人数の議論の有益さは、ヤスパースも認めている。この有益さは、おおくの態度や立場の理解可能性にある。態度や立場を参照できる数がおおければおおいほど、本来的な思考はより明白になる。しかしこれと同時に、議論の場に混乱が生じやすくなるデメリットは無視されるべきではない。したがって多人数での議論には、特別な規則が必要となる。この規則は、おなじ内容の言説はなるべく繰り返すべきではないことを要請し、そして自身の主張を語る際、これに他の者たちが耳を傾けてくれたことへの満足を要請する。このことから多人数での議論においては、ふたりの間で繰り広げられるような鋭い議論を試みることが困難であるが、他方で参照数の増大というメリットは依然として残り続ける。
　こうした討論や議論が実施できる場こそが、大学なのである。そしてこれらの討論や議論こそが、研究の自由の現実化でもある。これらの討論や議論は、研究者の相互的な行為としても、さらには教師と学生の間でも成立できる。そしてこうした研究の自由をめぐる対話への重視や強調において、フンボルトか

らヤスパースへの影響関係を見いだすことができる。

　フンボルトもヤスパースも、大学の歴史的な存続という理想を共有している。両者はこの理想に精神的な共同作業が必要であるとかんがえた。この淵源には、ボローニャ大学より連綿と続いた、大学における教師と学生との家族的絆の歴史的変容を通じた実践といえるものが存していよう。歴史的変容をこうむることで、教師と学生の家族的絆の実現は自律の概念を取り込み、自己実現の思想との親和性を獲得するようになる。そしてここで見落とされるべきではない点は、両者が大学の本質を、その大学に所属する教員・学生の人格に見いだしていたという事実である。

おわりに

　フンボルトが格闘した問題は国家から自律しながらも、国家の存続に寄与する人材の育成であった。そしてこの問題の具体的遂行は、ヤスパースが引き継ぐこととなった。ヤスパースが導きだした答えは口語による人格的修練であった。もし教育の現場において、口語による修練の機会が減退しているのであれば、自発性の発揮はますます衰退していくだろう。学問は他律から自律への飛躍において実践されるからである。

　さらに重要な点として、学ぶ意欲の低い学生にとって、尊敬できる教師の不在を指摘できよう。教育に模倣的側面があるとすれば、模倣の対象となる教師に魅力が欠如している場合、これは致命的である。

　自発性の問題と尊敬できる教師の不在の問題、このどちらにおいても口語的教育は効果的である。口語による問答が続けば続くほど、一般的な解答ではなく自分自身による思考の機会が増大し、この機会を与えてくれた教師への敬意が生じると予想されるからである。一方向の授業だけではなく、双方向の対話型授業にも相応の価値が、この点において認められる。大学生や大学が幾星霜をへて変容しようとも、学問の本質が対話にあり続けるかぎり、双方向型の対話モデルはおおいに取りこまれるべき効果をもつ。なぜならば、台本として用

意されていない答えを導きだす問い、そして思考の機会をあたえる問いは、人格的教師によるはたらきかけに依存しているからである。　　（吉田　真哉）

【註】
（1）トロウ『高学歴社会の大学』、東京大学出版会、1976、p. 64。
（2）児玉善仁『イタリアの中世大学』名古屋大学出版会、2007、p. 66。
（3）児玉善仁『イタリアの中世大学』名古屋大学出版会、2007、p. 85。
（4）ザッカニーニ『中世イタリアの大学生活』児玉善仁訳、平凡社、1990、p. 130。
（5）ザッカニーニ『中世イタリアの大学生活』児玉善仁訳、平凡社、1990、p. 15。
（6）シェルスキー『大学の孤独と自由』、未来社、1970、p. 72。
（7）シェルスキー『大学の孤独と自由』、未来社、1970、p. 21。
（8）ヤスパース『現代の精神的状況（ヤスパース選集28)』飯島宗享訳、理想社、1971、p. 221。
（9）ヤスパース『現代の精神的状況（ヤスパース選集28)』飯島宗享訳、理想社、1971、p. 54。

【引用・参考文献】
児玉善仁『イタリアの中世大学』名古屋大学出版会、2007。
ザッカニーニ『中世イタリアの大学生活』児玉善仁訳、平凡社、1990。
シェルスキー『大学の孤独と自由』、未来社、1970。
トロウ『高学歴社会の大学』、東京大学出版会、1976。
フィヒテ「大学の自由の唯一可能な阻害要因について」隈元忠敬他訳、『フィヒテ全集』（第22巻）、哲書房、1998。
フンボルト「ベルリン高等学問施設の内的ならびに外的組織の理念」梅根悟・勝田守一訳、『大学の理念と構想』、明治図書出版株式会社、1970。
ヤスパース『現代の精神的状況（ヤスパース選集28)』飯島宗享訳、理想社、1971。
ヤスパース『大学の理念』福井一光訳、理想社、1999。

コラム：大学のお国柄？

　今日、国民や国家を意味するnation（英語）は、中世大学の最大規模の学生結社、大学団（natio）と同根（主として「誕生、出生」という意味のnatio）の語源的連関をもつ語である。これも関係しているのか、大学という制度にはお国柄という民族性が色濃く反映している。

　近代大学の祖と称されるベルリン大学の創立においてすでに、国民や民族の精神性の防衛という意図がこめられていた。創立に尽力したフンボルトは、ナポレオンに敗れた理由は物質的な力が劣っていたにすぎないと断じ、精神的な力をも失ってはならないとかんがえ、ベルリン大学の創立をめざした。いわば民族的純粋性を守る大学の役割が期待されたのである。

　ヤスパースが大学論を著した時代、ドイツの大学は再び、他国文化におびやかされていた。この問題については、ヤスパースが師事したウェーバーの『職業としての学問』に明瞭に分析されている。ウェーバーによると、アメリカ型の大学は官僚主義的であり、大学で職を得ようとする者のスタートラインが助手によって開始する点にその典型例を見いだせる。助手制度は給料の点では安定するが、自由な研究という点では一定の制限を設けられてしまう。これに対してドイツでは、授業後に学生たちから直接賃金を受けとる私講師制度によりキャリアがはじまることで、給料の点では不安定であるが研究の自由を最大限に確保したのであった。ヤスパースが研究の自由の実現を強調する際、このドイツ型の大学の防衛を通して、ドイツ人の精神性・民族性の防衛という意図が込められていたと見なすこともできよう。

　日本に大学制度が導入される時にも、大学の設立はナショナリズムのうごきとみっせつに関係していた。後進国として先進国に追いつくための役割が大学には期待されたのであった。西洋的学知を輸入・移植する機関としての特色は、現在でも根強く日本的大学を規定している。

6 パターナリズムと子どもの自律／自由
自由主義を教育するということ

　パターナリズムとは父権的温情主義とも訳され、（対象が大人であれ子どもであれ）「本人のことを思って」善意に基づいて干渉することである。現実社会を支えているもっとも重要な価値観としては自由主義があげられるが、この自由主義はパターナリズムとは対立していると考えられる。ただし、子どもに対してパターナリズム的態度で接することは、自由主義にとっても自明であるように思われる。しかしながら「子どもの権利条約」が日本でも1994年に公布され、これにより子どもを保護の対象から主体的な自己として（も）認めることとなった。

　以上のような現状のなかで、大人になりつつある子どもに対して、パターナリズム的態度に基づいて自由主義を説明し、さらに自由についてリアリティを感じさせるにはさまざまな困難がつきまとう。本章は、子どもに対するパターナリズムと自由主義の対立点を明らかにした上で、子どもに対するパターナリズムを正当化する論述を批判的に吟味する。

はじめに

　子どもに対する、親や教師、医師などの立場はさまざまな問題をはらんでいる。

　親や教師は、「子どもの意志を尊重して」本人の思うがままにさせると言っているときもあるし、ところが別の場面では「子どものことを考えて」いろいろ口をはさんだりする。

　これに対して、子どもの側は、「自分の気持ちをわかってくれない。うるさ

く干渉されるのはいやだ」と思ったりする。ところが場合によっては、「いろいろ悩んでいるのに、なんの相談にも乗ってくれない」と不満に思ったりもする。また親から「あのときお前はこう言って、自分で決めたじゃないか」と昔のことを蒸し返されたりする。大人の都合で、子ども扱いされたり大人扱いされたりするわけである。

　本稿は、この親の世代が「子どものこと、本人のことを思って」善意から干渉すること、これをパターナリズム（父権的温情主義）というが、このパターナリズムと現代の重要な価値観を示している自由主義（リベラリズム）との対立を示し、パターナリズムを正当化する試みについて考察する（パターナリズムは、対象が大人か子どもかを問わず、善意に基づく干渉を意味する）。

　そこでまず、パターナリズムに関わるいくつかの具体例をあげて、そこに解決が難しいと思われる問題が含まれていることを示す。つぎに現代の価値観を表す自由主義を概説して、そこに見える「自由」を位置づける。そこから、自由主義とパターナリズムが大きく対立する根拠を示す。そして特に現代において子どものパターナリズムがなにゆえ大きい問題点となるのかを事例を含めて解説する。最後にパターナリズムを正当化する試みをいくつか取り上げ、それを批判的に考察してみることとしよう。

第1節　子どものパターナリズムが問題となる具体例

　パターナリズムに関わる具体例をいくつかあげて、この問題を考察する手引きとしよう。

　たとえば小さい子どもが虫歯にかかってしまったとしよう。親はもちろんほうっておいても治るはずもないので、歯医者に連れて行って治療をしてもらうことにする。ところが治療するときに、気味の悪い機械の音がしてくるので、その子は、治療はいやだと言って泣き出してしまった。親や歯医者はいろいろ言って聞かせ（場合によってはある種のごまかしをして）治療を受けさせる。本人は絶対いやだといっても、結局治療をさせることになる。このとき「本人がいや

がっているから」ということで本人の意志を尊重し、治療拒否したとみなすなどということはないだろう。

　20歳未満の青少年の場合はどうだろう。さすがに幼稚園児のような扱いはしないだろうが、しかし20歳未満の子どもが治療はいやだといったら、やはり本人の意志を尊重して治療しない、といったことにはならないだろう。親の方は、いろいろ言って聞かせ、場合によっては無理にでも治療に行かせることとなる場合が多いのではないだろうか。

　治療拒否ということでもうすこし込み入った例として、1985年のことでエホバの証人の問題がある[1]。エホバの証人というのは、キリスト教の一宗派であるが、治療行為としての輸血は信仰の問題として受け入れない。

　親も子どももその信仰者であり、その子ども（10歳）が交通事故にあい、その際、輸血を伴う手術の問題が発生した。医者は命に関わることであるので、輸血を勧め、親は信仰の問題からそれをしない治療方法を望んだ。これなどは医者か親のどちらの側が子どものことを思っているのか、という問題になる。

　最近の例では、体育系の部活動でクラブの顧問が生徒に行った体罰問題がある。顧問の体罰が原因となって自殺に追い込まれるという悲劇が生じた。その後いくつかの調査・アンケートが実施され、たとえば高校野球などでは体罰がごく日常的な見慣れたことであることも明らかになった。これは生徒自身のことを思っての体罰という側面（それだけではないにしろ）があると言え、事実生徒の方も体罰を受け入れているケースがみられる。また直接的な身体に対する体罰ではないにしても、言葉による暴言（叱責など）は日常茶飯事であろう。それも半分は黙認されている。これなどは当事者が同意しているパターナリズムの例のひとつとみなされよう。

　このように「本人のことを思って」を理由にしてさまざまな干渉がなされることがパターナリズムである。しかしそれは「自由にのびのびと」という価値観とは大きく異なり、真っ向から否定することにならないだろうか。パターナリズムは自由と対立することは明らかであり、それを正当化することは難しいのではないだろうか。

この疑問に答えるためにまずは現代の価値観であり、社会を支えている自由主義について簡単に説明する。

第2節　現代の価値観——自由主義

この節では、まず高等学校検定教科書の菅野覚明他『倫理』の一節を引用して、それを出発点として「自由」について考察してみる。

> 「こんにち、世界のほとんどの国では、法の下に人権が尊重され、人間の自由・平等が保障されている。その根底にあるのは、人間は人間にあることにおいて、一人ひとりかけがえのない尊厳をもつという、人間尊重の原理である[2]。」
> （……）
> （ママ）
> 「今日の民主社会に生きる私たちには、各人の価値観にしたがって自由に行動し、生きる場が保障されている。民主社会はまた、自己と他者がともに生きる場であり、自己の自由や権利の行使は、他者のそれを妨げてはならないのである。」[3]

引用した最初の文章は、ルネサンス期以降近代の人間観の成立をテーマとする章の要旨・問題提起として書かれたものである。現代社会を形成している価値観である、法の下の人権尊重、自由・平等、さらにはそれを支えている思想として「個のかけがえのなさ」を述べている。また引用した二番目の文章は、社会契約説を取り上げる節の冒頭に述べられており、自由およびそれを支えている民主社会の意義、さらには自由主義の重要な原則である、他者危害の原則（危害原則）（後述）が示唆されている。

引用箇所は両者を併せて、この教科書が、近代以降に個のかけがえのなさを中心として自由主義（特にリベラリズム）が形成されたことを念頭に置き、現代に連なる倫理を概説することを示しているのである。そしてこの教科書は明確に述べていないが、このことは現代日本国憲法の下での価値観に合致しているといえる（コラム参照）。

第3節　自由主義（リベラリズム）の概略

　それではこのかけがえのない個という価値観はどのような立場を示すことになるのだろう。ここではおもにJ. S. ミル（J. S. Mill, 1806-73）の『自由論』をつかって、自由主義の柱である先に述べた他者危害の原則と愚行権について簡単に素描してみる。

　　「文明社会の成員に対し、彼の意志に反して、正当に権力を行使し得る唯一の目的は、他人に対する危害の防止である。彼自身の幸福は物質的なものであれ、道徳的なものであれ、十分な正当化となるものではない。そうするほうが彼のためになるだろうとか、他の人々の意見によれば、そうすることが賢明であり正しくさえあるからといって、彼に何らかの行動や抑制を強制することは、正当ではあり得ない。」[4]

　ここに示されている他者危害の原則は、①すべての人間は原則として何を行おうと自由である、②ただし例外として他人を傷つける自由はない、③もし他人を傷つける行為を行ったなら、政府がその行為を行った人間に干渉する、というものである。人間の本質が自由であり、その自由を最大限尊重すること、ただしお互いの自由を尊重することから、他人の自由を妨げる自由はないことを明確にしている。そして、この例外的なことであるが、他人を傷つける行為がなされたときには、（被害者やその地縁血縁者ではなく）政府が加害者に対して一定の自由を奪う処置をとる、ということである[5]。

　もうひとつ引用された文章の後半部分に述べられていることがいわゆる愚行権である。これは文字通り愚かなことをやってもよい権利である。当の本人にとってよくないこと＝愚行であったとしても、本人がその行為を行いたいのであれば、他人はそれに干渉してやめさせることは、自由に対する侵害になる、ということである。身近な例では、喫煙がそれに当たるだろう。たばこを吸うことは、明らかに体にとってよくないことだが、本人がそれを望んでいるなら、周りはせいぜいたばこが体によくないことを説明し忠告することぐらい

で、たばこを取り上げて握りつぶすなどということはできない。その他の例としては、冬山登山などの危険なスポーツをすることや、虫歯になっていても治療に行かない、それから違う側面ももちろんあるが、先に述べた信仰に基づく治療拒否も、こうした面をもっているといえよう。

　この愚行権は、本人のことを思えば干渉して本人の行為をやめさせることになるはずが、そうしないわけで、この愚行権はパターナリズムと対立することなる。一般にパターナリズムが否定的に受け取られるのは、愚行権に対立し、ひいては自由主義に対立するからといえる。

　それではなぜ、この一見すると奇妙な愚行権を自由主義は認め、また自由主義の中核においているかと言えば、愚行権なしには自由主義は成立しないからである。「お前のことを思って」という理由で、その行為を干渉し禁止することが許されるなら、どのような行為も禁止することが原理的には可能になるからである。というのもどのような行為にもリスクは存在し、そのリスクを理由にしてその行為を禁止することが認められるなら、どの行為であれ干渉はできることになる。自由主義は個を尊重する思想であり、それゆえ個が愚を犯そうともそれを尊重することになる。それゆえ愚行権は自由主義にとって重要な基盤となっている。

　ただここでひとつ留保をつけるなら、こうした自由主義が認められているのは、あくまでも大人に対してであり、未成年者については、それは当てはまらない。「たばこは二十歳になってから」という表記がそれを端的に示している。

第4節　「自由」概念の規定

　それでは、自由主義が考えている「自由」とはどのように捉えたらよいのだろうか。ここでは2人の規定を取り上げ、自由が多様な面をもっていることを明らかにしていきたい。

1. 消極的自由と積極的自由

イギリスの政治学者バーリン (Berlin, 1909-97) は、自由を「消極的自由（～からの自由）」と「積極的自由（～への自由）」とに規定している[6]。消極的自由は、干渉されたり束縛されたりしない自由のことである。歴史的には中世・近世の身分制からの解放であり、近代社会が目指した市民革命の目的のひとつといえる。現代ならば、（いささか矮小化されているが）親や教師からいろいろとやかく言われないことがその例になろう。それに対して積極的自由とは、何かに目的をもち、それを目指す自由ということになる。その目的が個人的な人生の生き方の場合もあれば、理想の社会を形成するという目的の場合もあるが、どちらにしろ、自分を律し（自律の精神、自己支配）その目的に向かって邁進するわけである。自律の精神を有することから主体的な自由ともいわれる。前者と後者とは自由を二分類にして規定したわけではなく、相互の関係は複雑だがここでは深入りしない。

名称からすると前者より後者の方が、有意義で価値的に優れているようにみえるかもしれないが、バーリン自身は実は前者の消極的自由のみで十分であると考えていた。それは後者の自由を主張し、理想の社会を構築することを目指すことにより、歴史的には不幸な事件がたびたび生じているからである。前者が認め、後者が認めていない事例としては、日々のんびりと特に目的もなく生きるといった生き方があげられよう。前者は、そのような生き方もよし、とするが、後者は、それは無目的な生き方であり、主体性がない、と否定的な見方をする。自由主義は他人に危害を与えなければ、（あるいはもう少し拡張して他人に迷惑をかけなければ）どのような生き方も、そしてどのような幸福観も認めているので、消極的な自由を容認する立場といえる（それに対して、後者の自由を認め、前者に対して否定的立場をとる代表はカントだろう）。

2. 合理主義的自由と不合理主義的自由

加藤尚武は別の側面からも自由の多面性を規定している[7]。それは理性との関わりから自由を規定する見方で、合理主義的自由と不合理主義的自由という

区分である。前者は、理性的な自由であり、自由と理性とが最終的には一致するという見解である。物事や自分自身を理性的合理的に捉え、それによって合理的な行動を導くわけである。またたとえ失敗したとしても、そこから学習し、次の行動に生かし、それによって理性的な行動がなされるというわけである。先に述べた愚行権もこの失敗から学習するチャンスを奪わない、という理由で自由主義にとって必要な権利となる。この自由は、個の自由に限ってみれば、ルネサンス以降から続いている自由観とみなせよう。

それに対して、もうひとつの不合理主義的自由は、理性と自由とは一致することはない、とする見方である。個人の内面にひそむ、不合理な衝動とその衝動からの自発的行動を自由において認めることになる。いわゆる個性尊重もこの自由に関わる。理性ではなく衝動に身を任せる、というとなにやら危険な感じがするが、肯定的に見るといわゆる芸術的才能がこれに当てはまる。その他に才能の開花ということでは、創造性が求められる分野であるとか、起業家精神がその事例となる。愚行権との関わりから述べれば、自分の才能の根拠などは、そもそも証明しようがなく、やってみないとわからないわけで、根拠なしにやりたいというなら、周りはそれを止められないということである（いうまでもないが、そうして挑戦してほとんどの人が失敗するわけだが）。これを認めず、愚行であるからやめさせるとするなら、どんなイノベーションも、発見・発明も生じないことになってしまう。このような自由はカント以降のロマン派以降に生じたものとみなされている。

加藤は、両者は実は並び立つことはないが、他者危害の原則が、このまったく性質の異なる自由をつなぎ止めていると述べている。

第5節　パターナリズムの現代的な意味とその規定

以上のように簡単に自由がさまざまな側面をもつことを示したが、パターナリズムは、この自由と対立し、排除されるべきものなのだろうか。パターナリズムはどのように規定され、自由とどのように関わりあうのかを検討する必要

がある。

　現代的な意味でのパターナリズムを規定したのは、バーリンの弟子である H. L. A. ハート（H. L. A. Hart, 1907-92）である。

　ハートは、政府が個人の自由を規制する原理として、パターナリズムをあげ、それを他者危害の原理とリーガル・モラリズムとの対比から規定している[8]。すでに述べたように他者危害の原則は、他人に危害を与えた場合のみ政府が干渉するということであった。それに対してパターナリズムは、自殺などの本人が自分自身を傷つける自傷行為を禁止し、それが生じることをやめさせるというものである。ここに「本人のため、本人のことを思って」というパターナリズムの意味合いが生じる。またもうひとつのリーガル・モラリズムは、社会の秩序・道徳の維持のために、道徳的な意識によってではなく法によって取り締まることを意味している。リーガル・モラリズムは、本人のこととはいわば無関係に他人の、さらには社会の価値観を押しつけることとなるので、ハートは、これは自由主義に反するとみなしている。道徳、モラルを法によって実現することには反対し、あくまでも本人のことを思ってなされる干渉までを自由主義の立場と考えている。ハート自身は、リーガル・モラリズムに反対するためにパターナリズムを導入したといえる。

　このハートの考えるパターナリズムが、現代に引き継がれているパターナリズムである。そのため、ある心情、たとえば「慈愛あふれる父親」であるとか厳格な家父長制といった旧来のイメージとはとりあえず、一線を画することとなる。

　パターナリズムはさまざまな観点から区分され整理されているが、ここでは本章に関係するかぎりでの分類を紹介することにしよう。

（a）強いパターナリズムと弱いパターナリズム

　強いパターナリズムというのは、干渉を受ける人が、自由意志をもっているにもかかわらず干渉することである。たとえば、（大人で）自殺をしようとする人を押し止めるような場合がそれにあたる。

　それに対して弱いパターナリズムは、干渉を受ける人が、十分な自由意志を

もっていない場合に干渉するものである。たとえば未成年者であるとか、重度の精神疾患をもつ者のことを想定している。

(b) 積極的パターナリズムと消極的パターナリズム

積極的パターナリズムは、行為者自身の福祉を増大させることを目的とする。たとえば退職年金の（強制的な）積み立てであるとか、（本人が望んでいないにもかかわらず）輸血を含む手術・治療を進めることなどである。子どもに対して、いわゆる教育的配慮に基づいて善導するというのもこれに該当するだろう。これに対して消極的パターナリズムは当事者自身に対して危害を与えるような行為を防止するものである。たとえば、自殺の防止であるとか、麻薬などの薬物中毒を防ぐことがあげられる。

第6節 子どもに対するパターナリズムの問題点

以上簡単に、現代におけるパターナリズムの意味とその類別を説明した。大人に対しては、自由主義の個の尊重という立場からすると、ある種の例外的な状況のなかでパターナリズムが認められるかどうか意見が分かれ、正当化が求められることとなる。しかし子どもに対してはまだ十分に自由意志が確立していない以上、さまざまなパターナリズムのもとに置かれることは、直観的には明らかなようにも思われる（弱いパターナリズムの是認）。しかし個の尊重を最大の価値観としたとき、パターナリズムという押しつけが、子どもに対していわば無条件に当てはまるわけではない。そのように考えると子どもに対するパターナリズムも正当性が問われ、また適用条件が問われることとなろう。

このことはまた国連で1989年に採択された法的拘束力をもつ「子どもの権利条約」が日本においても公布されたことにも関わる。この条約は、大枠として子ども（18歳未満）に対する位置づけが保護の対象から権利の主体に（も）なった（あるいは保護と自律の両義性をもつこととなった）ことが特徴とされる。

この点に関して、簡単に歴史的経緯を含めて概説してみる。

ロック（Locke, 1632-1704）以降の19世紀前期まで、近代的な国家の枠組みに

おける西欧の家族は、家父長的核家族であった[9]。そして家族はもちろん一定の法の規律の下にあったものの、他方では前近代的自律を維持していた(「法の介入は雨滴の落ちる線で止まる」という法諺がそれを物語る)。つまり家族の内外でいわば線引きされていたわけである。家族内の父親は、一方では市民としてその自由を行使し、他方では家族内では支配権をもっていた。父親-子どもの関係は、権威と愛、信頼と服従の枠組みで捉えられるものであり、それは法の及び得ないものとみなされていた。その点で、家の支配権が市民的自由の基盤であり、子どもは親・家族の保護の下に教育がなされ、自由を行使する力が養われる。ここでは親の権威と個人的自由とは矛盾しない。そして前者が後者の前提のひとつとなっている。さらには、個の自由を支えているのは、実は個ではなく、家にあることも注意すべき点である。子どもは親の権威の下に保護を受け、それに従うことのなかから、自律をもつ。その過程が家族内で形成されるわけであり、その点については、法はいわば口をはさまないで、家族内のこととする。旧来のパターナリズムがもつイメージである家父長制であるとか温情的父権主義はここに発するといえよう。

　こうした時代は子どもを大人とは異なる段階とみなし、子ども特有の配慮を必要とする視点が生じてきたといえる[10]。西欧においてはそれ以前の時代は、子どもを危険視する考えもあり、子どもに対して親が感情の絆をもつことは少なかったのである。そうした時代は過ぎ去ったといえようが、この時代は、子どもを一定程度統制して支配する態度といえるだろう(しかしかなり極端な場合には、子どもが親の所有物とみなされ扱われるという可能性をもっていることとなる)。

　その後、19世紀半ばからの産業革命以降、子どもは親の従属物という位置づけから次世代を担い将来の労働力という位置づけに変わる。子どもは訓練して社会に適応する、社会化の過程とみなされるようになる。子どもは大人とは区別され、保護的に扱われるべきであり、また法的にもそのように整備される方向に移行していく。

　そして子どもは保護の対象という見方が、アメリカでは「パレンス・パトリ

エ」（親代わりとしての国家、国が子どもの最後の親である）という考えも生み出される。子どもを保護するのは家族・親であるが、しかし親がその役割を果たせない場合には、国家がその役割を代わりに担う、という思想である。ここでは子どもに「保護を受ける権利」があるとされるようになる。

　しかしこのような保護主義的な見方は、アメリカでは20世紀半ばから大きく変更される。それはいわゆる「家族の崩壊」によるものである。家族の機能が低下して、その信頼性が揺らいできたのである。離婚の増加と児童虐待が多発することにより、親の権威が失墜し、保護者としての役割が果たされていないとみなされるようになってきたわけである。これとともに、従来子どもが親の保護下に置かれていたと思われてきたことが、ネガティブに捉えられるようになってくる。つまり子どもは親の権威によってその自由が押しつぶされてきたのではないか、その成長が親によってゆがめられてきたのではないかという問題である。そこから「子ども解放論」が生じてきて、子どもにも大人と同等の権利・自由が保障されるべきだという、子どもの市民的自由を擁護する方向性が示されてきた。

　しかし、これはやはり子どもの能力を過信するものであり、また子どもに対して大人と同様の（自由に伴う）責任を負わすものになるということで批判され、1970年代以降、揺り戻しが生じ現在に至っている。子どもの自由な権利の側面を重視しながら、それとともに保護の権利の機能も併せた両義的な権利論へと移行している。しかしこの両義性は相克を含んだものとして受け取る向きもある。

　「子どもの権利条約」（1989）は、こうした流れをうけて、紆余曲折をへて成立したものであり、日本も1994年に公布した。大きくは子どもを保護の対象から主体的な自己として（も）認めようとするもので、特に子どもが意見を表明する権利も認めるものである。

　そこから見えてくることは、子どもにパターナリズム的な態度で接したり、パターナリズムによる介入に、限定がなされるべきであるということである。子ども本人のことを思って、あるいはそれを根拠に、親であれ学校であれ、あ

るいは病院であれさまざまな介入を行ってきたが、今後はそれを理由にすることは制限されることになる。

子どもの自由を子どもなりの仕方で認めることは、それゆえ大人に対するパターナリズムの正当化とは別に、あるいはそれにさらに加えて子どもに対するパターナリズムの正当化が必要と思われるのである。

第7節　パターナリズムが問題となるいくつかの具体例

たとえば、個の尊厳の下に、子どもに対して自由な主体として自律性を認めることはどのような方向性をもつことになるだろうか。

先に述べたように、個の尊厳をもっとも重要な現代を支える価値観と捉えるなら、教育においてはさしあたり2つのことが顕在化するだろう[11]。ひとつは個の尊厳ということからは、個の内面性の自由ということが明確に打ち出されることとなろう。つまり個々人は、その意識の中において、文字通り何を考えようと自由ということになる。つまりその内面を外に表明するなら、他者危害の原則など一定の制約を受けることになるが、内面性にとどまるかぎりは、完全に自由である。このことは、内面性に関して、内面性への教育ということが（たとえ本人のことを思っていたとしても）一定の干渉にならざるを得ない以上、なんらかの方向性が示される必要がでてくる。

さらにもうひとつは、生き方についても自由、ということが導かれる。当の本人がいかなる価値観をもち、さらにはどのような生き方をしようと、（他者危害の原則に反しないかぎりは）自由ということになる。この場合、学校は生き方についていかなる教育をする手立てがあるだろうか、という問題である。

先に高等学校の検定教科書『倫理』の一文を引用したが、科目の目的を呈示する「はじめに」においては、その課題として、「自己のあるべき生き方を実現」することと、「自己とは何か」、「人間とは何か」、「よく生きるとはどのようなことか」という問いかけをしている。これは、もし自由主義の立場に立つならば、両義的であるといえよう。先に述べた積極的自由に基づく生き方を暗

示しつつ、しかしその問いかけにとどめて生き方については中立性を保ち、さまざまな生き方があることを呈示した上で、どのような生き方をするか（さらにどんな生き方も選択しないという選択肢も）、本人に任せることとなる。

　このことは、従来抱えていた問題とは異なる側面において、さらなる問題を示すこととなる。

　従来の問題とは、パターナリズム下に置かれている生徒・学生に、いかにして自由・自律を説明し、理解させるか、という問題だった[12]。特に、現代の子どもは、以前のような半人前意識は存在しない。それゆえ、一人前の大人になる、そこにある自由と責任への希求という方向付けはきわめて薄い状況にある。子どもにあるのは、どちらかというと、自由と責任に対する、あるいは自律に対する、リアリティの欠如である。あるいは（現在は自由であり）大人になれば、責任のみ追及されることに関する否定感情である。これについての、自律の肯定的な意味合いとそれを目指す価値観を示すことが課題とみなされていた。

　しかし、この問題は問題として残りながら、さらにここでは将来の生き方を考察することについては、その考察する場・時間を提供し、またその材料を単にカタログ的に説明することができる方向性しか残されていないようにみえる（つまり生き方については優劣がつけられないので、現代日本において容認されているさまざまな生き方を類型的に概説した上で、どれを選ぶかは本人に任せる）。

　また昨今話題になった、学校教育でのクラブ活動の体罰問題もどうだろうか。子ども自身がそれによって成績がのびるなら、とコーチの体罰を望んだら、それは主体性を重んじたこととなるのだろうか。大人がアントニオ猪木の闘魂ビンタを、本人が望んでいるのだから、という理由で認めているように。

　さらには、病院で子どもが治療拒否をいいだしたら、理性的な説得以外ができるだろうか。こうしたことが、子どもに対してパターナリズムを正当化する必要性として浮かび上がってこよう。

　パターナリズムが一般的には否定的に受け取られ、それをいかに正当化するか、苦心されている。そしてさらに子どもに対して、それが否定的に捉えられ

第6章　パターナリズムと子どもの自律／自由　　*127*

るのではなく、それなりに推奨されるには一定の正当性を示す必要ありといえよう。

第8節　パターナリズムを正当化するいくつかの説

　ここではパターナリズムを正当化する若干の論説を取り上げ、その妥当性について考察することにしよう。

1. 自由意志を捨てる自由の禁止（ミル）

　まず、（正当化はしていないが）ミルの立場を、明らかにしておこう。

　ミル自身はパターナリズムを全面的に否定している。「君のためになるから……」という理由は、干渉する理由とならないし、それを認めた場合は自由は成立しない。ただし、未青年や未開の者は、自由については十分成熟していないので、その例外としている[13]。これは、先の弱いパターナリズムに該当しよう。

　成人については、ある例外として、自由自身をいわば捨て去る奴隷になる自由は認めていない。その場合は干渉されるとしている。ただしこれは自由を放棄する自由は、自由の原理に含まれないからとしている。また道路の先の橋が落ちている場合、それを知らないで行こうとする人に対しては、やめさせることができるとしている。ただしこれは自由意志には関わらないのでパターナリズムと関連づけることはないであろう。

　つまり、ミルは自由意志に直接関わる問題としては、それをもたない子どもについては、ある種の介入もやむなしとみなしていることになる。

2. 自己破壊の禁止（ハート）

　ハートについてはすでにパターナリズムの定義づけで述べたが、改めて確認しておこう。

　彼の場合は、成人の場合でも、パターナリズムは認められると考えている。

その事例は、自傷行為であるとか麻薬の使用である。つまりその行為によって修復不可能な犠牲が生じる場合は、介入が許されると考えている（ミルは、麻薬については、売り手買い手の自由に任せるべきであるとしている）。これは、愚行を犯しても、そこから学習し、今後理性的な判断ができるようになる、ということができなくなるからと考えることができるだろう。また先に述べたように、ハート自身は、自由主義の立場からリーガル・モラリズムに批判的立場をとっており、自由主義の堅持のために例外的なパターナリズムを認めているといえよう。

3. よきパターナリズムとあしきパターナリズム

パターナリズムについて、包括的に研究している中村直美は、「本人の自律を実現・補完するか否か」でパターナリズムをよきパターナリズムかあしきパターナリズムかを区別する[14]。

まず自己を大きく中核的自己と周辺的自己に区分し、前者を自分らしい自分、後者を自分らしくない自分と区別する。そして、自律するということを、前者が外因的要因の支配統制を免れつつ、後者を支配・統制することと位置づける。そこから、自分らしい自分の意志を形成するパターナリズムをよきパターナリズムとして認める（逆に、自律を尊重しないパターナリズムをあしきパターナリズムとして否定する）。このパターナリズムはあくまでも個人の自律を侵害するものではなく、個人の自律を実現・補完している、と正当化するわけである。中村は、避けるべき誤解として、中核的自己は普遍的で合理的な自己像をさすものではない、としている。つまりそこには一般的には不合理とみなされる意志をも含むのである。たとえば、エホバの証人の信仰者[15]や喫煙を続ける意志を持ち続ける者、などである。またシートベルト着用を自由に反すると一貫して反対する自由主義者もそれに当てはまる。これにはたとえば生に対してストア派的な見解を抱き続ける者も該当するだろう。ここには自由主義の愚行権を認めながら、パターナリズムを正当化する方向が示されているといえる。

しかし、ここにはある種の一貫性を想定しており、衝動に身を任せる事例を

受け入れる余地はあるだろうか。自由主義の愚行権は、不合理な衝動性をも認めるものであった。まず自由には合理主義に基づく自由と不合理主義的な自由という相反する二つの自由があり、自由主義は両方の自由を共に受け入れるものであった。愚行権も前者については、愚行から学び、失敗を通して成長することが見込まれていることから是認されていた。ここでのよきパターナリズムもここに位置づけられよう。しかし不合理的な自由は、自由の根源を理性ではなく衝動に置くものであり、いわば根拠なき内なる声に従う、インスピレーション、ひらめきに身を任せるというものである。上述のよきパターナリズムは、このタイプの愚行権については答えていない・適用できないように思われる。他人からは衝動的で突発的な行動としか見えないものであっても、それは口をはさまない、干渉しないというのが愚行権ならば、よきパターナリズムはこの事態に対しては干渉するであろう。子どもならばなおさら、そうであろう。結局愚行権を認めないかぎり自由とはいえない。愚行権とよきパターナリズムとは相反するといえよう。

4. 将来の自己への危害をとりのぞく

また現在の子どもが、将来の自分を異なる「他人」とみなし、その他者に対する危害を与えないこととするという「将来的自己への危害」という考えもある[16]。これは他者危害の原則のなかにパターナリズムを組み入れようとする試みである。たとえばこの考察によれば、子どもが学校をさぼるという行為（怠学）は、将来の自分に対する危害を防止するために干渉することが可能である。この考えは、特に子どもに対し有効であるとされる。なぜなら子どもは判断基準が未熟でまたライフプランも形成途上にあるため、自己の連続性＝同一性が確立されておらず、それゆえ将来の自己＝他者という位置づけが正当性をもつことができると主張される。帖佐尚人は、怠学以外に、子どもが危険な遊具を使うことの禁止もその事例にあげているが、実際に将来的自己に対する侵害の内実として考えているのは、大人になったときに自律できるだけの知識や技能、徳性などを念頭に置いている。

確かにこれは、自由主義の原則である他者危害の原則に親和的であり、また（大人はともかく）子どもと大人というある種の断絶を取り入れたものといえる。しかしこの場合、先の怠学といったことが、危害に当たるかというとそれには当たらないわけであり、やはり危険な遊具で遊ぶなど自傷行為の事例止まりではないだろうか。怠学は、誰にも迷惑をかけていない、といえるのではないだろうか。他者危害の原則は、政府が干渉することの前提であり、あるいはそれを補完するものとしての不快原則（相手に不快な思いをさせることなどが対象）であった。それに対して怠学は、不利益を被る程度で、危害・不快に対してある連続性は感じられるものの、別の類型に属するといえる（たとえば大人が会社を無断欠勤して、会社同僚に迷惑をかけたからといって、それから他者危害の原則や不快原則に基づく介入はされないだろう）。

　またこの考えは、時間を介した連続性と不連続性の両義的存在をもとにしていないだろうか（不連続性を強調するなら、当の子どもからは、「将来の自分なんか自分にとってはなんの関係もない」といわれかねない。親はむしろ「将来の自分のため」に辛くとも勉強するようにと連続性をもとにして介入するだろう）。連続性に対してはパターナリズムを当てはめ、不連続性に対しては他者危害の原則を当てはめて、それによってパターナリズムを正当化している。しかし結局、時間の中で自我の同一性をいわば前提にした議論であるといえよう。

おわりに

　こうしてみると、子どもに対するパターナリズムの正当化は、万能なものをみいだすことは難しいようである。これは自由主義が愚行権を認め、それなしには自由とはいえないのに対し、パターナリズムは愚行を本人のため、という理由により禁止するからであるといえる。そこから現代の子どもに対する「自律と保護」は両義的というより、相克的といわれることが再確認できたといえよう。

　またその際、個のかけがえのなさという現代の価値観には、理性に基づく自

律という人間観からははみ出す、衝動や感情といった問題を受け入れていることが示唆される[17]。

　また、本稿は現代の価値観を支える自由主義からみて、パターナリズムが正当化するに困難であることを示した。そこにパターナリズムのある種のあやうさがあることが、みいだされたといえよう。

　しかしそもそも個の尊厳とそれに基づく人権には、個の孤立をまねく方向性があり、依存なしの自律はありえないことを隠蔽している[18]。人権にひそむ、「秩序解体的側面」を見据え、人権概念を再検討することが迫られているといえよう。そこから改めて、パターナリズムを正当化することが可能となると思われるのである。

（鈴木　康文）

【註】
（１）中村直美『パターナリズムの研究』成文堂、2007 年、pp.195-6。
（２）菅野覚明他『高等学校　倫理　最新版』清水書院、2013 年、p.78。
（３）同書、p.93。
（４）J.S. ミル「自由論」（『世界の名著 49 ベンサム J.S. ミル』）、中央公論社、1979 年、pp.224-5。
（５）参考、加藤尚武『現代倫理学入門』講談社学術文庫、1997 年、pp.174-83。
（６）バーリン『自由論』みすず書房、2000 年、pp.303-25。
（７）加藤尚武『応用倫理学のすすめ』丸善ライブラリー、1994 年、pp.11-4。
　　なおイギリスの社会学者 S.M. ルークス（S. M. Lukes 1941-）は、個人主義から自由と平等を概念規定している。彼によれば、個人主義は人間の尊厳、自律性、プライバシー、および自己発達によって構成されている。そのうち、人間の尊厳は平等の側面、その他の自律性、プライバシー、および自己発達は自由の側面を示している。そして大枠として、自律性はバーリンの記している積極的自由に対応し、歴史的にはトマス・アクィナスに発しスピノザ、カントが確立した。プライバシーは公的干渉をうけない私的領域の確立のことで消極的自由に対応し、歴史的には近代以降の観念である（これが自由主義の中心軸となる）。自己発達は、自己修養と結びついて個性の概念を導いた。これはイタリア・ルネサンスに遡ることができるが、ドイツロマン主義が典型的であり、J.S. ミルはフンボルトから直接の影響を受け、それが自由主義の伝統となっていった（これが加藤の規定した非合理主義的自由に対応している）。

S.M. ルークス『個人主義』御茶の水書房、1981年、pp.70-89。
（8）マコーミック『ハート法理学の全体像』晃洋書房、1996年、pp.339-40。
（9）森田明『未成年者保護法と現代社会——保護と自律のあいだ』（第2版）有斐閣、2008年、pp.46-7。
（10）以下は、次の論文を参照している。帖佐尚人「子どもの権利論の意義とその問題点に関する一考察—子どもの権利制約原理としてのパターナリズムの射程—」、『早稲田大学大学院教育学研究科紀要』別冊18号、2010年、pp.45-7。
（11）参考、伊藤真『伊藤真の憲法入門——講義再現版』（第3版）、2004年、pp.132-41。
（12）近年の子どもの置かれている状況については、以下を参考にしている。
　　　土井隆義『友だち地獄——「空気を読む」世代のサバイバル』ちくま新書、2008年。
（13）ミル、前述書、p.225。
（14）中村、前述書、pp.302-15。
（15）信仰による輸血拒否は、死の選択ではなく、生き方の選択であり、憲法上の自己決定権による保証の範囲内になる、とのことである。参照、小山剛「憲法上の枠組み」、小山剛他編『子どもの医療と法』尚学社、2008年、p.70-1。
（16）帖佐尚人「子どもの自由制約原理としてのパターナリズム——その諸正当化モデルの検討」、『教育哲学研究』105、2012年、pp.97-100。
（17）このような観点を含むものとして、現在ケアと呼ばれる「関係性からの倫理学」が論議されている。参考、川本隆史編『ケアの社会倫理学——医療・看護・教育をつなぐ』有斐閣選書、2005年。
（18）森田、前述書、pp.153-4。また森田は「個人を出発点とする近代法が、人間の有機的関係をそれ自体として取り扱う枠組みを持っていないという事実は、正面から認めなければならない」と述べ、その限界を明らかにしている（pp.289-90）。

【引用・参考文献】

澤登俊雄編『現代社会とパターナリズム』ゆみる出版、1997年。
加藤尚武・加茂直樹『生命倫理学を学ぶ人のために』、世界思想社、1998年。
大江洋「子どもにおけるパターナリズム問題」、『人文論究』72、北海道教育大学、2003年、pp.15-37。
太田明「子どもの権利論の教育哲学的基礎」、『東海教師教育研究』13、1997年、pp.29-46。

コラム：「かけがえのない個と日本国憲法」

　最初に、ある常識クイズから。「日本国憲法を尊重し遵守する義務があるのは誰か」。なんとなく国民全員かなと思いがちだが、これはよくある誤解で、答えは公務員が正解。憲法はあくまでも個人の人権を保障することが目的であり、個人の人権を傷つける恐れがある国家権力を制限するために、その国家権力の担い手である公務員のみがそれを守る義務があるわけである。

　こうした思想は「立憲主義」といわれるが、憲法によって「個人を尊重」することがその基本的な価値観である。これは「個の尊厳」ともいわれるが、憲法13条の「すべて国民は個人として尊重される」というフレーズに示されている。それはどのような人も（性別、貧富の差、学歴などは関係なく）かけがえのない個であることを意味している。そしてそれゆえ、そこから個人個人の自由が最大限尊重される「自由主義」が基本的価値観となる。それはまた個人が、社会のため、あるいは国家のためにその犠牲になってはならないとする思想である。自由の根底には個の尊厳、かけがえのない個という価値観が支えていることとなる。

　ところで憲法の第13条には「公共の福祉に反しない限り」というフレーズがある。この公共の福祉というのは、世間とか、社会、国家のことをさすのだろうか。もしそうなら、結局たとえば国家が最優先されることになり、個の尊厳というのもいわば絵に描いた餅となるだろう。しかし公共というのは国家といったようなそれ自体で何か別の実体をさしているわけではない。個人の人権を制限するのは、（還元すれば）他の個人の人権以外にはない、というのがその答えであり、互いの個人の人権が対立したときにその衝突を調整するための実質的な公平の原理を、公共の福祉といっているのである。

　このように現代日本のもっとも重要な価値観が「個の尊厳」という思想であり、それを支えているのが立憲主義であるといえよう。

（参考文献：伊藤真『伊藤真の憲法入門——講義再現版』（第3版）、2004年）

第Ⅲ部
技術と人間存在のコンフリクト

7 技術者の「誇り」と「開かれていること」
ベルクソン哲学を手がかりに

　技術者はその仕事の性質上、社会に対して一定の責任を負わねばならない。それがどのような責任であるか、どのようにそれを果たすかを問題にする分野が技術者倫理である。技術者倫理はこの問題意識ゆえに技術者教育の一環をなしている。私たちは、技術者の責任を「誇り」という角度から分析する技術者倫理の立場を取り上げる。この「誇り」は、一面、技術者たちの共同体の自律性の表明として理解できそうである。しかし、複数の社会集団の間での利害の対立、ひいては人類的な規模の問題に直面する時、技術者の「誇り」は共同体の自律性を超えた背景を持つように見える。そこで私たちは、技術者の「誇り」の背景を哲学的な観点から追求してみたい。そのための導きの糸として、私たちは、フランスの哲学者アンリ・ベルクソンの学説を参照する。ベルクソンは社会的な義務、技術的な発明、人類全体に対する倫理的責任について、一連の考察を展開しているからである。

はじめに

　「技術者倫理」は技術者の社会に対する責任を問題にする。技術者倫理の理論はいくつかあるが、そのなかに、技術者が自分の仕事について持つ「誇り」によって技術者の責任を説明する理論がある[1]。私たちは最初に、この「誇り」という言葉の意味を明らかにしたい。しかし私たちの狙いは、技術者倫理の入門にとどまらない。狙いはこの「誇り」の根拠を哲学的に探ることである。この探究をゼロから始めるのは難しい。フランスの哲学者ベルクソン

(1859年-1941年)の倫理学理論は、この探究のための枠組みを提供する理論のひとつである。私たちは、「誇り」の基礎に何が見いだされるかを自分で考えるための出発点として、問題点が吟味しやすい形でベルクソンの理論を提示してみよう。

第1節　技術者の「責任」は「誇り」に基づく

1. 技術者の共同体は社会とどう関わるか

技術者の責任を社会契約の関係によって説明できる。この関係は、専門家としての技術者の共同体(「プロフェッション」)と、この共同体がそのために働く社会の間の関係である。この契約関係によって、技術者の共同体は、社会に対して誠実に仕事をするよう仕向けられる。反対に、社会はこの共同体の権威と自律性を認めなければならない。

自分たちの共同体を作り、この共同体を通して社会への責任を果たすのが専門家(「プロフェッショナル」)である。専門家は自分の共同体に対して誠実に行動しなくてはならない。社会は専門家の共同体に、資格や免許によって保証される権威や特権、意志決定や活動の自律性、次世代を教育する独自の仕方を許す。これらが許されるのは、専門家の共同体の仕事が高度に専門的で、社会にとって欠かせないからである。したがって専門家の共同体は、「できるかぎり誠実に仕事しますよ」と社会に向けて表明しなくてはならない。そのために多くの場合、「倫理綱領」と呼ばれる仕事上のルールが制定される。この社会契約という枠組みは、西欧世界では医師や弁護士といった人たちの在り方を説明するのに適しているが、技術者の共同体の在り方もこれによって説明できる。

2. 技術者の「誇り」

社会契約を基礎としたこのような専門家の仕事の考え方は、西欧世界では宗教的な意味に理解された「プロフェッション」から来ている。「プロフェッション」はもともと、「約束したことをするという誓い」を意味した。契約は、

この誓いという意味でのプロフェッションの表現だと言ってよい。この意味での契約は、いわば神と、神に与えられた「天職」としての仕事を果たす人の間の契約である。もう少し近代的な意味で理解される時、契約の相手は神から「社会」に変わる。そういうわけで、「社会」には侵しがたい優越性が与えられている。

　だがこの関係は、双方向の契約に基づくと考えるかぎり、かなり実利的な性格を持つと解釈することもできる。つまり契約の目的は権威と自律性を得ることであり、そのために専門家の共同体は社会に尽くすのかもしれない。実際、この権威や自律性によって、共同体はそれなりの利益を得ることができる。このように専門家の共同体と社会の間の契約関係が損得の関係にすぎないのなら、利益をもたらさない仕事をする専門家はいないはずである。

　だが実際には、頼まれた以上の仕事を依頼人のためにする技術者がいる。たとえばある技術者は、新製品の開発を依頼された時、自費でシミュレーションして従来製品を最適化する方がいいと依頼者に助言している。設計のミスに気づいたために、自分の被るデメリットを顧みず、依頼者に改修を促した建築家もいる。これらの例からすれば、技術者の仕事にとって、損得よりも〈完成〉を求める方が大切である。たしかに社会と技術者の共同体の関係は双方向的な契約の関係かもしれない。しかしこの関係は不均衡である。実際、技術者にとって、製品の〈完成〉の基準は、依頼者の注文通りであることに尽きない。それ以上に、依頼者をできるかぎり満足させなければ〈完成〉ではない。

　この不均衡な関係のなかに、ふたつの要素があると考えられる。第一に、技術者には、自分の仕事の〈完成〉を判断する基準がある。この基準を私たちは、技術者の「誇り」と呼ぶことにする。この意味での「誇り」はうぬぼれとしての自己満足ではない。むしろ、「道徳はどこか合法的な感じがする」と私たちは考えるはずだが、「誇り」はその合法性の感じに近い。技術者は、社会のために、そして自分自身のためにも、この「誇り」に反する行為を避ける。第二に、社会にとっての利便性は、技術者がひとつの社会のために実現を目指す最優先の事柄である。つまり、自分の仕事によって快適な社会生活の形を実

現することが、技術者の仕事の目的である。

　社会生活をよりよくする、ということが技術者の目的であり、この目的のために技術者は、独自の〈完成の基準〉を持つ。とすれば、技術者の「誇り」が、社会に対する技術者の責任感を支えていると言えるだろう。技術者の共同体が定める「倫理綱領」の基礎にあるのはこの責任感である。

3. 利害の対立と技術的・社会的な開発

　技術者の責任には別な側面もある。技術者は、ただひとつの社会のために働くのではない。ひとりの技術者が、依頼者、雇用者、同僚、技術者の共同体、製品を開発する工場の近隣住人、製品利用者、製品利用によって被害を受けるかもしれない人々など、さまざまなタイプの集団のために働かねばならない。これらの集団のうち最後の三つのタイプは、原則としてあらかじめ特定できない。したがってこれらの集団は、全地球上に、不特定の将来にわたって存在する可能性がある。このように多様な集団を相手に、技術者は最適の製品を開発しなければならない。またそれだけではなく、その製品の効果と安全性を、できるかぎり誠実に保証しなければならない。残念ながら、これらの集団の間で、利害関心は同一でないどころか、時に正面から対立することさえある。そこで技術者は、優先順位をつけながら、これらの集団に対する自分の仕事を調整しなければならない。この調整にあたって技術者は、いくつかの原則を絶対に守らなければならない。その原則とはたとえば、製品の安全性、関係する人々の生命（生活）の持続可能性の保障などである。

　このような利害の調整の問題を、技術者は法や本節1に述べた「倫理綱領」の制定によって解決することができるだろう。だがそれだけではなく、技術そのものによって解決を試みる場合もある。たとえば技術者は、ある国に製品の製造や利用のノウハウを導入しようとする時、その国の文化や社会状況にみあった技術を提案することができる（「適正技術」）。また技術者は、障害のある人にとって使いやすく、障害のない人にとっても魅力的な製品を開発することができる（「ユニバーサルデザイン」）。こうした解決方法によって、技術者は技術製

品を開発するだけではなく、何らかの新しい社会関係を創造していると言えるだろう。それは、生活上の利便性が、社会のメンバーそれぞれの生命（生活）の安全や持続可能性と両立できるような社会関係である。これは「社会の開発」とでも呼ぶべき仕事であり、この意味で技術者は「技術者兼社会学者」であると言える。

　さてそうすると、技術者の責任と「誇り」をめぐって、次のような問題が立てられると思う。「技術者の「誇り」は、生活の利便性が問題である時と、製品の安全性や人々の生命（生活）の持続可能性が問題である時で、同じ仕方で働くのだろうか？」——これに答えるには、「誇り」の根拠に何があるかを問わなくてはならない。これは哲学的な問題である。私たちは哲学者ベルクソンの解決を見てみよう。

第2節　「開かれる」ために必要な愛——ベルクソンにとっての「誇り」の根拠

1. 社会的義務は習慣のシステムである
（1）習　　慣
　ベルクソンの哲学的探究は経験を出発点としている。ベルクソンは経験を「心理学的事象」と呼ぶ。この言葉でベルクソンが意味するのは、「物理的な実在の現れ」とか、「脳の働きの結果」などと解釈される前の、ただ与えられているがままの事実である[2]。

　ベルクソンは社会的な義務も、心理学的事象だと考える。ベルクソンにとって義務感とは「これをしたらまずかったよな」というおぼろな禁止の記憶である[3]。記憶という「心理学的事象」が、私たちに何かをしないように強いる。ここを出発点として、ベルクソンは「心理学的事象」のなかに、義務感を説明するものを探し、「習慣」にたどりつく。ベルクソンにとって習慣とは次のようなものである。習慣は意識される状態と緊密には結びつかず、それ独自の一定の自律性を持った事象のまとまりである。この意味で、習慣は「無意識」に属する心理学的事象である。歩くこと、腰かけること、箸を動かすことなど

は、意識するとかえってぎこちなくなる。無意識な習慣と意識的心理状態の間には切り離せない関係がある。ベルクソンによると、私たちの意識が生じるのは、複数の自動的運動同士が競合することによって、自動的運動の作動が妨げられる時である[4]。つまり複数の自動的運動が、ひとつの問題を解決するために提示されるのだが、これらの自動的運動の間で優劣がないので、自動的運動のシステムがストップしてしまう。意識の役割は、似たような状況についての思い出を調べることによって、スタートさせるべき自動的運動を決めることである。そして習慣は自動的運動の一種である[5]。そういうわけで、止まった習慣が思い出に呼びかけ、思い出によって習慣が再発動させられる。意識的な心理学的事象は習慣を推進するが、それは習慣によって呼びだされるからである。

（2）習慣のシステムとしての義務の総体

　ベルクソンは義務についての社会学的な考え方を批判するために、習慣についての以上のような考え方を使う。社会学的な理解によれば、義務は個人のレベルには属さず、個人と独立な「集団としての心理状態」に属する。ベルクソンはこの集団的心理状態を前提とはしない。代わりに、習慣によって義務を説明する。たしかに、個々の習慣を単独に取りだせば、個人に左右できない強制力を持つことはない。これに対して義務は個人の意志に解消されない強制力を持つ。習慣はこの強制力をどう説明できるだろうか。ベルクソンは個人の精神の外に「集団の精神」を置くのではなく、習慣の有機的な「システム」を考えるよう提案する。ベルクソンによると、習慣は個人のうちで互いに調整されているだけではなく、人々の関係のうちでも調整されている。さまざまな習慣は別の人々の習慣との間で調整されている。というのは、習慣は命令する習慣としたがう習慣に分かれるからだ。命令だけする人と服従だけする人がいるという意味ではない。私たち各人のうちに二種類の習慣があるのだ。

　ふつうの個人の日常的行動は習慣のシステムを覆すことができない。ベルクソンによれば、習慣のシステムが持つこの必然性は、本能が持つ必然性と同種の必然性であり、どちらの必然性の起源も生命の内にある。その根拠はこうである。習慣のシステムは、新しい習慣を身につける仕方をコントロールする。

第7章　技術者の「誇り」と「開かれていること」　　141

さきほど見たように、意識的な心理学的事象は、習慣を推進する一方で、習慣から呼びだされる。この時、意識的な心理学的事象——とりわけ選択と知性——をコントロールするのは、単独の習慣ではなく習慣のシステムである。ひとつひとつの習慣は、偶然のなりゆきで獲得される。だが習慣のシステムという変わらないままとどまる層が、個々の習慣獲得を一定の変わらない仕方で調整しているのである。とすればこの習慣のシステムは本能と同じ役割を果たすと考えてよい。というのは遺伝が偶然に獲得された習慣に左右されないせいで、本能も個々の習慣に左右されず不変で必然的だからである。

(3) 訓練に由来する誇り

さてベルクソンの場合、「プロフェッション」は同業者の共同体ではなく、「職業」を意味する。ただ、ベルクソンはプロフェッションのうちにも、習慣のシステムとしての社会的義務が見いだせると指摘している。ある職業を実践するには、あれやこれやの習慣的な動作を実行できなければならない。専門家それぞれに対して、うまく連携するように組織立てられたいくつかの習慣を身につけるよう促すのは、専門家の共同体だろう。この時習慣のシステムは、その共同体に属する人間を「誠実」にする「規律」に他ならない。この規律が職業のすべてなら、専門家が他の人を犠牲にして自分の利益を追求することは断じてできない。というのは、彼が受けた「訓練」、つまり「集団の習慣を採用すること」は、これらの習慣の連携を妨げる行為と両立しようがないからだ。このような考え方によって、技術者の共同体や所属企業に対する技術者の忠実さが説明できるだろう。

技術者の「誇り」が、ある共同体に所属するという意味での「自尊」感情にすぎないのであれば、これを説明するためには、社会的義務と呼ばれる習慣のシステムがあれば十分である。技術者は技術者の共同体を経由して社会と関わるのであり、技術者の共同体が技術者に課す習慣のシステムにしたがう時、技術者は自尊心を持って社会のために働くことができる。しかしすでに第1節の3で確認したように、技術者は利害関心の異なるさまざまな社会集団のために働かなくてはらない。このような複数の社会集団の技術者に対する要求が一致

することはあるだろうか。残念ながら、技術者が複数の社会集団のために働く時、利害の対立に悩むことになるのはたしかだ。

(4) 社会の敵対的な性格

ベルクソンは、社会そのものが他の社会に対して敵対的性格を持つので、利害の対立が生じるのだと考える。すでに見た通り、習慣のシステムは本能が不変なのと同じ理由で不変である。ベルクソンによれば、「原始的な本能」のせいで、「ひとつの社会が他の社会に対して自衛する必要から社会的団結が生まれる」。本能は不変であるだけではなく、排他的な性格を持つのである。とすると、社会的な責任は、習慣のシステムに根ざすかぎり、「敵前での規律ある態度に他ならないひとつの態度」をとることを要求する。ベルクソンによれば、複数の社会集団は原則として互いに敵対的である。ベルクソンは社会のこのような性格を「閉じている」と呼ぶ。要するに「閉じた」社会は、命じる習慣としたがう習慣を組織立てることによってひとつの社会内で格差を再生産する。そして同時に、他の社会に対しては敵対的な態度を再生産する。「閉じた」社会は対立を激化させるのである。

(5) 利害の対立の調整

しかし私たちはただの自動人形ではなく意識を持っている。すでに見たように、ベルクソンによれば、複数の習慣が競合して、習慣だけではこの競合を解けない時に、意識が目覚める。ベルクソンは、この習慣の調整の仕事を請け負う意識的な心理学的事象が知性だと考える。それならば、技術者は自分の知性を頼りに、複数の社会集団の間の利害対立を解消するはずだ。ところで、この時技術者は、製品の安全性や、この製品に関わる人の生命（生活）の持続可能性といった原則にしたがう。このような原則への服従も、技術者の知性によることだろうか。

実際には技術者は、製品の安全性や関係者の生命（生活）の持続可能性といった原則を、習慣のシステムとは独立したものと考える。「独立」とはどういう意味か。これらの原則は他に何の根拠もいらないという意味で、習慣のシステムとは独立だということだろうか。つまりこれらの原則は、「後で困りたく

ないなら〇〇しろ」などと命じる条件つきの命令ではなく、単に「しなければならないからしなければならない」と命じる無条件の命令だろうか。ベルクソンは義務についてのこのような理解が、知性の立場に偏っていると批判する。知性の推論だけを追っていると、習慣のシステムが見落とされてしまう。しかし全体としての「心理学的事象」から出発すれば、知性は習慣のシステムのコントロールを逃れることができないと分かる。したがって、無条件の命令に見えるものが、実際には習慣のシステムでありうる。

2. 情動がもたらす「開かれていること」
(1) 知性を推進する創造的情動

そうなると、製品の安全性や関係者の生命(生活)の持続可能性を尊重する根拠は、知性や習慣の外に求められなくてはならない。ベルクソンにとって、製品の安全性や生命の持続可能性といった原則が示すのは、人間の平等性に向けて「開かれていること」の重要性である。「開かれていること」は、義務に見られるような「閉じていること」と対立する。とすれば、習慣のシステムのほかに、知性をコントロールする力がなければならない。それは「開かれていること」を目指す意識的な活動性である。ベルクソンはこの意識的活動性を、「情動」と呼ぶ。

「開かれていること」の意味を理解するには、少し具体的なところから出発した方がいい。ベルクソンが「発明」という「知性の努力」をどう考えているかを参照しよう。発明する知性は、もっぱら部品とそのメカニズムを思い浮かべ、操作し、製造するために努力する。しかし思い浮かべたり操作したり製造すること自体とは別に、知性の努力をたえず突き動かすものがある。それは実現すべき〈機能(働き)についての観念〉である。これをベルクソンは「図式」と呼んでいる[6]。ベルクソンは、この〈機能についての観念〉と、具体化される部品などの個別要素を区別している。ベルクソンは、物質的宇宙の内部で起こり、他の作用と均衡して自動的運動を作る作用のすべてを、イメージと呼ぶ[7]。〈機能についての観念〉は、いつでも用いるべきイメージを「待ってい

る」。「待つ」というのは、この観念が実際の部品の形や配置に柔軟かつ動的に対応するということだ。反対に部品は「静的な」「イメージ」としてしか表現されない。ベルクソンは、「〔この観念〕にとって開かれた状態であることが、イメージにとっては閉じた状態である」と強調する。知性はこの観念に特有の「開かれていること」にアクセスすることができない。知性の役割は、この観念を部品のイメージで置き換えることだからだ。ベルクソンによれば、この観念をつかまえるには、知性とは別なアプローチに頼るほかない。そこで、創造的活動に特徴的な「情動」が参照される。ベルクソンはこうした情動が「知性を超える」と考える。

この考え方は、習慣や責任を相互調整する場合にも当てはまる。なぜなら習慣の獲得とは、〈機能についての観念〉つまり「図式」にしたがって、古い習慣というイメージを、新しい習慣というイメージに向けて組み立て、調整しなおすことだからである。「図式」を創造し、維持するのは創造的情動である。技術的な発明や運動選手の身体訓練の場合、イメージがそこに「入ろうとして互いに」競うような、「開かれた」「図式」がある。この「図式」を相手にするのは、創造的情動である。

(2) 社会を開く創造的情動

異なる複数の社会への責任を相互調整する技術者の知性的努力についても、同じことが言えるだろうか。責任が習慣のシステムとして理解されるかぎりは同じことが言える。責任を調整することは、ひとつの創造的活動である。だが、ひとつの社会の要求を満たすことが創造的な努力によって説明できるとしても、「閉じている」複数の人間社会を両立させるには、創造的であるだけでは足りない。責任を相互調整する時、技術者は社会が相互の間で、不変かつ攻撃的という意味で「閉じて」いることと向き合わなければならない。

発明家やスポーツ選手の創造性から、責任の相互調整を目指す技術者の仕事へ移行すること。これは、複数の習慣から、複数の習慣のシステムへ、「待つ」相手を変え、「開く」べき相手を変えるのと等しい。たしかに知性に関してだけ言えば、責任を相互調整する場合であっても、知性は何か技術的な発明をし

第7章　技術者の「誇り」と「開かれていること」　　*145*

たり (「ユニバーサルデザイン」や「適正技術」)、習慣を提案したりする (「倫理綱領」) だろう。だがここで知性の努力は、技術的発明や習慣調整のための情動とは別の情動に導かれなければならない。

3. 人類愛とは二重性を持つ創造的情動である
(1) 創造的情動としての人類愛

　人間相互の尊重または人間の尊厳が人間にとって欠かせないこと。これは論理的な仕方で論証されるべきことだという考え方もありうる。論理には誰でもアクセスできるから、論理こそ原則そのものの平等性にふさわしいように見える。だがベルクソンは、それ自体が論理そのものではない、たとえば人間の尊厳といった事柄に絶対的な価値がある、ということを、ただ論理的推論だけによって結論することはできないと考えている。論理はこの場合、同じ前提から対立する結論を導く可能性がある。そこでベルクソンは、人類愛に、この愛そのもの以外の根拠を求めないことにする。

　この愛は人間の「閉じた」社会を「開く」、知性を超えた情動である。だが先ほどの「無条件の命令」とこの愛はどう違うのか。違いを示すには、この愛が持つ特徴をもう少し具体的に示さなければならない。西欧思想の伝統のなかで「知性を超えた人類愛」と考えられてきたのが、キリスト教における神の愛である。ベルクソンも結局は、「ただ神を通して、神のうちでだけ、宗教は人間に対して、人類を愛せと誘う」と認める。だがこれまでの論証をふりかえってみよう。神は一度も、〈前提〉とはされてはいない。神はベルクソンの倫理的探究が到達した結果である。ベルクソンにとって大事なのはキリスト教を擁護することではない。大事なのは「宗教の源泉そのものからじかに汲み上げられた」人類愛の特徴を解明することであり、この愛は「宗教が伝統、神学、教会を通して獲得した事柄からは独立である」。超知性的人類愛が原則だと認めれば、プロフェッションが神との契約に基づく「天職」だと結論するのは簡単だ。だがこの愛はベルクソンにとって、歴史的キリスト教のうちで概念化された「神との契約」以上の何かである。

（2）例外的な人々と神

　ベルクソンは人類愛を、まず、例外的な人々から発せられる「呼びかけ」として特徴づける。「偉大な道徳的人物」が発する「呼びかけ」は、どこかの社会に所属する気負いにすぎなかった自尊心を「賞賛され尊敬される人物への」敬意に変換する。こうした「偉大な人物」は、「神的な国のメンバーであり、この国へ加われと私たちを誘う」。この考え方に立つと、人間の尊厳を重んじながら責任の調整をする人は、模範的な道徳性を持つ人たちの仲間だということになる。「神的な」という言葉の意味は後回しにしよう。さしあたり問題なのは、模範的人間の呼びかけと人類愛の関係である。ベルクソンによれば、模範的人間が呼びかけを発するには、人類愛がなければならない。ベルクソンは模範的人間を「神秘主義者」と呼ぶ。ただし、「神秘主義的体験」については、「それが直接的なところをもっている場合だけ考える」、つまり、宗教の伝統から独立なものと見なす。

　このように「神秘主義的体験」を限定した上で、ベルクソンは神秘主義者たちに向かって「押し寄せるもの」があると指摘する。この「押し寄せるもの」は「神秘主義者たちより優れた何か」であり、神秘主義者たちとしては「ただこの押し寄せるものに対して自分を開くだけである」。神秘主義者が人間として偉大だとするなら、その偉大さはこの「押し寄せるもの」の優越性に由来する。言い換えれば、神秘主義者たちは、この「押し寄せるもの」が「他の人間たちの心をつか〔……〕もうとする」時、「押し寄せるもの」の〈手段〉または〈道具〉になるがゆえに、偉大である。この「押し寄せるもの」をベルクソンは「神」と呼んでいる。

（3）創造されたものの創造的情動

　ベルクソンは、神秘主義者の開かれた情動のうちで起こることを、もう少し具体的な形でまとめようとしている。この時奇妙な比喩が用いられている。この比喩を少し注意深く見ておきたい。ベルクソンによると、神秘主義者たちの情動は、「並外れた仕事のために製造された、とてつもなく耐性の高い鋼鉄製の機械」の情動に似ている。この機械は、この機械の機能にふさわしい部品を

「待って」いる。この状況だけ見ると、鋼鉄の機械の情動は、機械を発明する者の創造的な情動に現れる〈機能についての観念〉ないし「図式」とよく似ている。「図式」も、機能にふさわしい部品を「待つ」。神秘主義者という機械装置は「組み立て」を待ち焦がれるが、同時に「あちこちの不足と、あらゆる部分の苦痛の感じ」に「似た状態」を体験する。この不足と苦痛の感じは、部品の取捨選択にともなうものであり、発明の行為にともなう意志と結果の間の隔たりを表している。そしてもっとも注目すべきことだが、このたとえにおいて神秘主義者が演じる役割は二重である。神秘主義者は、一方で、「図式」がイメージを「待つ」ように「待つ」。他方で神秘主義者は機械装置として製造される。「図式」は創造をする者に属する。それに対して、機械装置は創造されるものに属する。ベルクソンにとって、神秘主義者の情動の特徴は、創造されるものの感情が、分離できない形で、創造者の感情と結び合わされているということである。神秘主義者の感じる、意志と結果の隔たりの感情も同様に二重になる。創造者の感じる隔たりと、創造されるものの感じる隔たりである。まとめると、このたとえは次のような状況を描いている。一方で神秘主義者は創造者としての神から来る愛を感じ、自分も新たな人類を創造しようとする。他方で神秘主義者は創造されたものとして、自分の務めの実現が遅れることに焦りながら、神へ向けての愛を感じる。ベルクソンは、神と愛の関係を次の一文に凝縮している。「神は愛であり、神は愛の対象である」。

　この二重の特徴によって、神秘主義者の人類愛は、単なる創造的情動とは区別される。ふつうの知性の努力を考えよう。たとえば自分を鍛えるスポーツ選手が、自分とは別の何かによって改造されていると感じることはない。他方で、たしかに単なる創造的な情動も、別の人たちに伝播して、別の人たちが何らかの創造の行為をするように誘うことがある。だがこの伝播や誘発は、「閉じた」社会を開き、社会を敵対的な性格から切り離すためには十分ではない。つまり人類愛を創造的情動によって置き換えることはできない。たとえば、新しい製品を開発できた技術者の情動は別の技術者に伝播することがある。でもそれだけなら製品は兵器であってもいい。ベルクソンの場合、技術者の創造者

としての情動が技術者の創造されたものとしての情動と結び合わされる時にだけ、技術者は人類を尊重することがもっとも重要であることに気づくことができる。

しかしベルクソンは技術者が神秘主義者に直接感化されるとは言わない。神秘主義者が推進するのは民主主義であり、民主主義が技術を制御する。たしかに技術者は、「倫理綱領」を定めるとき民主主義に従うといえるだろう。だが「適正技術」や「ユニバーサルデザイン」については、神秘主義者の愛が技術者の創造的情動に直接影響するとも考えられる[8]。こうした開発の場合、技術者は技術的製品と習慣のシステムの領域に、「閉じた」社会を開く方策を見つけなくてはならない。神秘主義者の愛を、この時の技術者の創造的情動の理想と考えることができる。ベルクソンは、彼が倫理学理論を発表した1930年代の世界に、神秘主義者の愛が必要だと指摘した。というのは、当時最高水準の技術が習慣のシステムを機械装置によって増幅した結果、このシステムの規模と威力は、社会に従属せざるをえない人間の知性によっては制御できなくなったからである。まさにこのような状況のせいで、技術者は複数の社会に対する責任を相互調整しなければならない。いずれにしてもベルクソンは、この問題を解こうとする技術者の知性的努力の背後に、この世界に自分を生みだした何者かの意図を探ろうとする神秘主義的な努力を見て取るはずである。

おわりに

最後に技術者の「誇り」の根拠を問う仕方について一言述べておこう。

まずベルクソンの論証を振り返る。結論として、「誇り」には宗教的背景が欠かせない。経験の全体から出発することによって、ベルクソンはこの全体のうちに、神の愛や神秘主義者の例外的な愛も含めることができる。そして知性だけでは問題が解決できないように見える時、ベルクソンは知性を補うものとして、愛の経験を持ちだすのである。

しかしこの結論を受け入れる前に、問うべきことはいくつかある。経験から

出発することは正しい選択だっただろうか。義務を習慣のシステムとして説明するのは適切なやり方だろうか。知性の能力を制限するベルクソンの論証は十分説得的だろうか。「無条件の命令」と「人類愛」は、ベルクソンの意図するほどはっきり区別できるものだろうか。そして、この種の事柄をある程度まで吟味した上で問えることかもしれないが、そもそも複数の社会に対する責任を調整する時の技術者の「誇り」について、その根拠を問うこと自体、可能なのだろうか。

　ここまでに見てきたベルクソンの論証の各部分を、もう一度洗いなおしてみてほしい。これによって複数の社会に対する「責任」の調整や、その時に働く技術者の「誇り」の根拠について、自分なりの考えを深めることができる。同時に、この問題が「人間とは何か」といういっそう広い問題に深く根ざしているとわかって来るだろう。

（永野　拓也）

【註】
（1）第1節、特に技術者の「誇り」に関しては参考文献1を参照する。
（2）「心理学的事象」については参考文献5を参照。
（3）以下、ベルクソンの倫理思想については参考文献2を参照。
（4）意識と運動習慣の関係については参考文献3の第2章を参照のこと。
（5）意識の役割については参考文献4を参照のこと。
（6）「図式」と発明の関係については、参考文献5収録の「知的努力」を参照のこと。
（7）イメージの定義については参考文献4の第1章を参照のこと。
（8）ベルクソンは参考文献2において，創造的かつ開かれてあるという方策を技術にからめて暗示しているが，はっきりした形で，「技術者＝神秘主義者」という考え方は打ちださない。私たちはベルクソンの推論を矛盾なく拡張する形で，この考え方を吟味しようとしている。

【引用・参考文献】
1．『工学倫理ノススメ：誇り高い技術者になろう』、黒田光太郎・戸田山和久・伊勢田哲治編、名古屋大学出版会、第二版、2012年。
2．『道徳と宗教の二源泉』、中村雄二郎訳、ベルグソン全集6、白水社、1993年。
3．『創造的進化』、高橋允昭訳、ベルグソン全集4、白水社、1993年。

4．『物質と記憶』、田島節夫訳、ベルグソン全集2、白水社、1993年。
5．『精神のエネルギー』、渡辺秀訳、ベルグソン全集5、白水社、1993年。

コラム：アンリ・ベルクソンとはどんな人か——その生涯と哲学および日本人との関わり

　アンリ・ベルクソン（Henri Bergson）は、1859年パリで生まれた。日本でいうと幕末の安政6年。『宝島』の著者スティーヴンスンに同時代の英雄と評された吉田松陰が大獄で刑死した年である。第一次世界大戦中、ベルクソンはフランス政府の大使としてアメリカの参戦を促し、また戦後はユネスコの前身となる国際連盟の機関で議長を務めた。1928年にはノーベル文学賞を受賞している。意外にも平和賞ではないのだが、受賞は哲学上の業績による。ベルクソンがドイツ占領下のパリで没したのは1941年のことである。

　ベルクソン哲学の重要な点はその始まりにある。高校で解析学が好きだったベルクソンが最初に構想したのは、経験を物理学的に精密に記述する哲学だった。しかし次の問題がこの構想を阻む。物理学は、「時間の間隔」の始点と終点を、微積分の構造の入・出力値と見なす。だが「時間の間隔」そのものはこの操作から脱落し、単に経験されているにすぎない。ベルクソンは時間変化を取り去った現実をまだ「経験」と呼べるとは思わなかった。そこで、「経験を精密に記述」するからには、数学的な取り扱いを拒む時間的経験をそのまま受け入れなければならなかった。結果として、ベルクソンは「経験（心理学的事象）」が「知性の推論」を超えた現実であると考えるに至る。

　ベルクソンと関わる著名な日本人をあげよう。『武士道』の思想家・新渡戸稲造は国際連盟に因んで彼と面識があった。ベルクソンはフェンシングが得意だったらしい。二人は東西の武術について話題にしただろうか。『「いき」の構造』と『偶然性の問題』の哲学者・九鬼周造は1920年代に日本のベルクソン受容を紹介する記事をフランスで発表し、ベルクソンを二度訪ねている。帰国後も業績を送るようにと手紙で勧められたが九鬼は面倒がって実行していない。「偶然」か否か、彼はベルクソンと同年に没した。文芸批評家の小林秀雄はベルクソンについて『感想』という作品を『新潮』に連載したが、未完のまま断筆している。

8 青木繁、『オイディプス王』にみる実存的変容とその意味

内なる世界の苦力（クーリー）たち

　社会は、その歩みの始まりとともにさまざまな変容をとげてきた。もちろん、そこに住まうわれわれ個々人も社会の変容にともない、さまざまな変容を余儀なくされてきた。また、個々人の変容が、社会の変容を導くこともあったかもしれない。ここでは、画家青木繁とギリシア悲劇の作品である『オイディプス王』を取りあげ、青木繁の苦悩やオイディプスの運命に翻弄される姿において、その実存的変容について言及する。さらに、フリードリッヒ・ニーチェによる内的世界の意味づけを手がかりとし、そうした実存的変容としての青木繁の苦悩やオイディプスの運命に翻弄される姿について考察する。

　われわれの住まうこの社会は、さまざまな変容をとげてきたといえよう。また、現在もその変容の歩みは止まることなく続いているといえよう。むしろ、同じ形になく変容を余儀なくされることこそが世界の本質なのかもしれない。雲が空を流れ、川が流れゆくように、われわれの社会は一つところになく、そのつどの相貌を示してきたのである。

　巨視的にみるならば、たとえばカール・マルクス（K.Marx,1818-1883）が、社会の生産様式の発展に着目し狩猟採集社会、封建社会、資本主義社会、社会主義社会、共産主義社会に至る唯物史観に基づいた社会発展について述べたように、また未来学者のアルビン・トフラーが（A.Toffler, 1928- ）「農業革命」「産業革命」「脱産業社会（脱工業化社会）」と続く社会発展の図式について語ったように、名称は異なるとしてもさまざまな転換点をへて社会が変貌をとげてきたことは、何ら論をまたないであろう。

　一方、微視的にみるならば、変貌する社会を構成するわれわれ個々人もまた、変貌する社会に翻弄されてきたといえよう。1995年1月の阪神淡路大震災や2011年3月の東日本大震災にみられるような災厄は、社会全体のインフ

ラを破壊するとともに個々人の日常生活を根こそぎ破壊し、まさしく一夜にして人々の生活を一転させることになったのである。たしかに人々は、打ちのめされ、打ちひしがれ茫然自失となる。そこには、まぎれもなく変容を余儀なくされたわれわれの姿がある。

　以下、こうした実存的変容の一例として、画家青木繁の生涯とギリシア悲劇作品『オイディプス王』におけるオイディプスの人間像を取りあげ、考えていきたい。

第1節　青木繁にみる実存的変容

　絵画作品は、画家の内面世界を反映する。いわば、画家の内面世界を形象化したものである。その意味で、絵画作品は画家の内的力の所産にほかならない。ここでは、画家青木繁（1882-1911）を取りあげ、その内的力の有りようについてみてみたい。青木繁は、天才の名に恥じぬかのように夭折した画家たちの一人に数えられよう。それは、青木繁の画業の神髄を語ることには遠く及ばぬことであるが、青木が明治時代において重要文化財の指定を受けた作品を複数描いた三人の洋画家の一人であることからも、その天賦の才をうかがいしることができよう。青木においては「海の幸」（石橋美術館、70.0×181.5cm、油彩、1904年）と「わだつみのいろこの宮」（石橋美術館、181.5×70.0cm、油彩、1907年）の二作品が重要文化財の指定を受けている。青木繁のほかに、明治時代の洋画家で複数の重要文化財指定を受けた作品を描いているのは、黒田清輝と高橋由一である。黒田清輝（1886-1924）は、「舞妓」（東京国立博物館、81.0×65.2cm、油彩、1893年）、「湖畔」（黒田記念館、69.0×84.7cm、油彩、1897年）、「智・感・情」（黒田記念館、180.6×99.8cm、油彩、1899年）の三作品が重要文化財の指定を受けている。高橋由一（1828-1894）は、「花魁」（東京芸術大学、77.0×54.8cm、油彩、1872年）と「鮭」（東京芸術大学、140.0×46.5cm、油彩、1877年頃）の二作品が重要文化財の指定を受けている。だが、青木繁の生涯は、そうした輝きにみちみちた日々ばか

りとはいえない。むしろ、名声をはくし輝きにみちた日々は短時日に終わり、天賦の才のさらなる開花を許されないままに、その齢に幕を下ろしたのである。

1. 画家への道

　青木繁は、1882（明治15）年7月13日福岡県久留米市荘島町に生まれた。父青木廉吾は旧有馬藩の勤王派下級武士で、母青木マサヨは八女郡岡山村の医師の娘であった。同じ年に、第二次大戦後梅原龍三郎、安井曾太郎とともに洋画界の三巨匠とも呼ばれた坂本繁二郎（1882-1969）も同市京町に生まれている。青木にとって坂本は、小学校の同窓となる竹馬の友であり、画家としてのライバルともいえる存在であった。青木は、坂本繁二郎に関し、「おれを抜いていくのは坂本繁二郎かもしれん」とみずから述べていたといわれている。事実、1907（明治40）年の第一回文展（文部省展覧会）に坂本は入選し、青木は落選している。1895（明治28）年、旧藩校である明善中学校に入学する。この時期、森三美の画塾で洋画を学び始める。中学時代をふり返り、青木は次のような言葉を残している。

　　「僕は大体中学にあつて何の学科も相応に出来るので、その中の一つを選んで一生を賭するには自分というものが甚だ惜しいように思われた。数学でも科学でも非常に好きであったが、その方の学者になって一生を終わるのは残念だし、……理性の上の『人生とは何ぞや』若しくは『人生は如何に解釈すべきか』という問題と、意志の上に『我は如何にして人事を尽くすべきか』若しくは『我は男子として如何に我を発揮すべきや』という問題は二つ巴の形をなして稚なごころを劇しく繞って居たのである。この時に考えて見たのが、哲学であり宗教であり文学であったが、最後に来つたものは芸術であった。それと同時にその実行であった」（松永伍一『青木繁　その愛と放浪』）

　ここには、自身の能力に対する傲慢ともいえる青木の自信をみることができよう。また、絵画表現の技術的問題といったことは脇に追いやられた感はあるが、青木にとって、絵画は絵画として完結するのではなく、すでに絵画と人生の問題とが結びつく構図が示唆されているのである。

2. 上　　京

　1899（明治32）年２月、画家になるために中学を退学し、５月に上京、小山正太郎主宰の不同舎に入門した。不同舎は、当時、東京美術学校に入るための予備校的位置づけにあった。そのかいもあってか、翌1900年東京美術学校西洋画選科に入学をはたした。同級には、熊谷守一、関屋敬次、高木巖、伊達五郎、坪田虎太郎、深見和成らがいた。青木繁の美術学校時代の様子について、熊谷守一が語っている。

　　「変わっているといえば、青木繁もずいぶん変わり者でした。入学したばかりのころから絵はうまく、みんなから一目置かれていましたが、傲慢というか、いつもあたりを睥睨しているのです。……教室で絵を描いているとき黒田さんがはいってくると、青木はすーと出て行く。あんなヤツに絵を見てもらう筋合いはない、という意思表示なのです。……青木は、ひどい貧乏で絵の具もロクに買えません。それで少しはしおらしくするかというと、ぜんぜんへこたれずに、アゴを突き出して威張っている。そして、友だちの絵の具箱を黙ってひょいと持って、どんどん写生に行くのです。持って行かれた方は、どうしていいかわからない。だれかが見かねて、ひどいじゃないかと抗議すると、『あれがかくより、オレがかいた方がいいのだ』というのです。なかなか、ひと筋ナワではいかない。ひどい話だが、取られた方はそれを聞いて、『うん、それは、青木がかいた方が上手だから……』などとしおれる始末なんです。そんなことで万事が通っていました。私は青木とわりあい仲が良かったので、使いかけの絵の具なんかをわざと目のつくところに置いておくと、すーと持っていってけっこう重宝して使っている。」（松永伍一『青木繁　その愛と放浪』）

　他人の作品に加筆することすらいとわない態度に、故郷の中学校時代にもみられた自分への絶対的自信が、大学に入ってからもみられたようである。それと並行して、すでに経済的困窮が青木の生活に影を落としていたことが指摘される。他人の画材道具を平気で借用する青木の姿は、尋常では考えられない行動であろう。茶目っ気や素因としての傍若無人さというよりも、切迫した経済状況のなせるわざであったといえよう。現実の経済的困窮は、文字通り青木の生存す

ら危うくするほどのものであったのである。そうした状況において、仕送りの無い状況でもみずから稼ごうとしない青木には、潤沢とはいえないまでも最低限のお金を用立ててくれる人物が必要であった。その人物は、明善中学で青木と同級で親交のあった梅野満雄であった。梅野満雄は、青木の後を追うように1900（明治33）年明善校を退学し、翌1901年早稲田大学の前身東京専門学校に入り、次いで1902（明治35）年早稲田大学文学科に第一回生として入学していた。もちろん、東京時代にも二人の親交は続き、青木が梅野に金の工面を請う多くの書簡が残されている。梅野宛には、青木繁の絶筆といえる書簡も送られているが、そこでも療養していた病院の費用としての金百円の用立てが依頼されている。

3. ほとばしる才気

こうしたなかでも、美術学校在学中の1903（明治36）年、白馬会第八回展に「黄泉比良坂」等の記紀神話やインドの説話をめぐる画稿を出品し、第一回の白馬賞を受賞した。「黄泉比良坂」の作品は、対象の忠実な写実を目指したのではなく、青木自身が抱いた日本神話の古代的世界に対するイメージの絵画化であり、形象化であった。

明治期の洋風美術団体として1889（明治22）年に発足した「明治美術会」に満足できない画家たちが、東京美術学校に西洋画科が設置された1896（明治29）年白馬会を設立した。白馬会には、黒田清輝、久米桂一郎、山本芳翠らを中心として、藤島武二、岡田三郎助、和田英作らも参集した。熊谷守一の言及にみられるように、美術学校での黒田清輝に対する青木の応対を考えると、青木の白馬会参加を想定することははなはだ困難と思われるのであるが、きびしい規則もなく個性を伸ばそうとする会の自由な雰囲気が青木にとって幸いであったのだろう。青木が受賞した第一回白馬賞は、この会の運営が軌道に乗ったところで初めて創設されたものであった。「明治美術会」は1901（明治34）年に解散するが、吉田博、満谷国四郎、中川八郎、丸山晩霞らが中心となり、「明治美術会」の後身となる太平洋画会が結成された。以後、白馬会と太平洋画会とが日本の洋画界の二大潮流となる。

1904(明治37)年7月、青木は美術学校の卒業を機に、房州布良へ一月半あまりの写生旅行へ出る。同行したのは坂本繁二郎、森田恒友、福田たねの三名であった。「海の幸」は、この写生旅行中にインスピレーションを得、作画された。その時、誰もが布良の浜辺で大漁の獲物をかついで凱旋する漁師たちの行列を青木自身が目の当たりにし、それを元に作画したと考えるのではないであろうか。青木繁は、そうした光景をみずからの眼で見ることなく、「海の幸」を描いたということが真実である。青木に「海の幸」の情景をインスピレーションさせたのは、浜に引き揚げられた大漁の獲物を処分する情景のすさまじさを目撃した坂本が青木に語った話であった。これについて、坂本繁二郎は、後に以下のように説明する。

　　「ある日、漁師たちが浜に船を着けて獲物を引き揚げました。大漁でしたね、そりゃあもうおびただしいほどの魚を引き揚げて処分するんです。生きているフカやサメなんかをナタをふるって殺すんです。そりゃもうすさまじい光景でしたね、あたりは一面、血の海です、修羅場でしたね。その獲物を漁師たちや家族が、ひっかついで帰るんですが、何と言うか、もう地獄みたいで、血が浜辺にだらだら流れて……」「それでそのことを宿に帰って青木君に話したんです。見たとおりのことを正直に話しました。青木君は黙って聞いていましたが、その後一週間ばかりで、さらさらっとあの絵を描きました……」「……描いたんですが、あの絵はどうも私は好きじゃありませんね。じっさいはあんなもんじゃなかった。もっと何と言うか、ぎらぎらした強烈なものでした……それを青木君は私の話を聞いただけで描いた……しかし私は、それはそれでいいと思って……何も言いませんでした」(松永伍一『青木繁 その愛と放浪』)

　「海の幸」は、坂本によれば布良の浜辺の現実を表現した作品ではないことが分かる。たしかに、「海の幸」を構成する諸要素は、布良の浜辺に存在したことであろう。漁師たちの行列、漁で獲得された巨大な魚といった、画面を構成する一つ一つの要素は時間を違えて、現実にそこに現れはしたのであろう。しかし、「海の幸」の構図において一つ一つの要素が布良の浜辺に現れることはなかった。というよりも、青木繁にとってそれらは布良の浜辺に現れる必要は無かったものといえよう。

「海の幸」という作品は、現実に起こった・あるいは起こるであろう一場面を描いているかのようであるが、実際は現実に起こった・あるいは起こるであろう場面を描いてはいない。青木繁のこうした試みは、ポール・セザンヌ（P.Cezanne, 1839-1906）の試みをほうふつとさせるものがある。

　セザンヌは、たとえば、リンゴA、リンゴB、オレンジA、オレンジBを一枚の皿に載せた静物画を描こうとする時、リンゴA、リンゴB、オレンジA、オレンジBはそれぞれ異なった視点から見られて描かれる。その結果、セザンヌの絵は、現実に起こった場面であるかのようであるが、現実には起こることのない場面となる。具体的には、現物のリンゴA、リンゴB、オレンジA、オレンジBの果物を、絵画と同様に配置しようとしても配置できないということが起こるのである。

　「海の幸」は第九回白馬会展に出品され、高い評価を得た。『美術新報』は、「青木さんの絵に感情が表れたのは青木さんの筆に感情があったからだ。僕は決して技術を無視するものではないが、画家の筆が技術だけで組み立てられて居たならば悲しい事だと思う。技術以外の霊、これを何処から得来るべきか、これは僕の答うる限りでない、また僕の答う能はざる所だ。唯僕は青木さんの筆に其感情があり、其霊があったと云う事実を日本将来の絵画の為に喜ぶのみだ。」（松永伍一『青木繁 その愛と放浪』）と、画家青木繁の大きな可能性を指摘していた。また、青木と個人的にも交流することになる詩人の蒲原有明は、「最初の一瞥から度を失っていた。……金の光のにおいと紺青の潮のにおいとが高い調子で悠久な争闘と調和を保って、自然の荘厳を具現しているその奥から、意地のわるい秘密の香煙を漂わしそれにまつわる赤褐色な逞しい人間の素膚が、自然に対する苦闘と凱旋の悦楽とを暗示しているのである。」（青木繁『仮象の創造』）と、作品を見る者に現れる内的な高揚感について言及している。

4. 狂った歯車

　しかし、こうした賞賛の高まりに相反するように、青木の私生活はより困難に直面することとなった。故郷久留米から、姉ツルヨと末の弟義雄が繁を頼っ

て上京してきたのである。この頃、坂本繁二郎と青木繁は、経済的負担を軽くするためにと同居生活をしていたのであるが、二人住まいの下宿では四人が同居することができないので、新たに転居し新生活を始めることとなった。とはいえ、定期の収入をもつわけでもなく、生活は非常に困難をきわめることになる。この凄惨な状況を坂本は、後に「君の感情は緊張の極に達し、日夜涕泣し、時には夜半に泣声をあげて怒号することもあり、遂には刃物まで振るうに至った。友人の訪問も殆ど絶えてしまって、一時は君の発狂をさえ伝えられた位である。」（青木繁『仮象の創造』）と書いている。自分一人の困窮すらままならないというのに、三人の食い扶持を用意しなければならないということは、坂本が述べているように、青木にとって精神に支障を来しかねない事態であったのである。青木自身、詩集の挿絵や画稿集の仕事を受け、なんとか食いつなぐという状態を翌年五月まで続けた。この事態に区切りをつけることになったのは、決して建設的解決策ではないが、青木の子を身ごもっていた福田たねと房州から相州にかけて旅に出たことであった。二人の旅程の間に、さらに悪化した経済状況を見かねた梅野満雄が、留守宅をあずかるとはいえ、置き去りにされた形になった青木の姉と弟、二人分の旅費を用立て久留米に帰郷させていたからである。青木と福田たねは、同年8月茨城県川島（現在の筑西市）において一子幸彦を授かった。青木は、11月末父の病気の報せを受け、翌1906（明治39）年の夏まで久留米に滞在した。再度の上京後は、12月に入り福田たねと茨城、栃木県下を転々とし、1907（明治40）年1月に福田たねの実家に身をよせ、東京府勧業博覧会に出品する「わだつみのいろこの宮」の制作に取り組んだ。

　しかし、東京府勧業博覧会において、「わだつみのいろこの宮」は三等末席という、青木にとって予想外の結果に終わった。審査結果は、一等7名、二等6名、三等10名であり、三等の一席には坂本繁二郎が入り末席に青木繁の名があった。この結果に青木は非常に不満をもち、審査会に対する次のような批判を行っている。「今日の大家と為るには資格を要す。6、7年の留学は最有力にして、法螺達者にして技術拙劣なる可し、就中技術最拙なれば芸術的良心存せん、芸術的良心は大の禁物にして幼稚なる画かきを愚弄して其生活と研究の前途を

遮絶する位の不徳は其好物とする処ならざる可からず。」(青木繁『仮象の創造』)
　青木の感情的とも思える審査会批判であるが、青木だけでなく出品した多くの画家たちが、この審査のあり方には疑問をもったようである。事実、太平洋画会に属す画家たちの多くが、連名で審査のあり方を批判している。「東京府勧業博覧会美術部西洋画審査会審査の公平を失せる事は、吾等の時々耳にする所なりき、芸術鑑賞の標準は各審査官に於て必ずしも一致すべきに非らず、従って毎々各個人の満足を得べきものにあらざるや論なしと雖も、七月六日其公表になりて我等は余りに多き裡面の情実のために、全く審査の意義を没却したるを確かめたり、斯くの如きは実に芸術の神聖を汚し、今後に厭うべき悪例をのこすものと認む、故に我等は此無意味なる褒賞を当局に返却し、併せて東京府勧業博覧会美術部西洋画審査の非公正なる事を公表す。」(青木繁『仮象の創造』)この批判は、1907 (明治40) 年7月7日の日付で太平洋画会々員17名の連署で『報知新聞』において公表された。17名のうち入賞者9名は、褒賞を辞退するに至った。これらの動きからも、青木の批判が独りよがりのものではないことが理解されるが、作品が十分な評価を得ることができなかったという失意の念は決して消えることはなかった。

5. 落日の日々
　勧業博覧会の翌月、父の危篤の報せが入り、青木は久留米へ帰郷した。九州の地から、福田たねをモデルとした「女の顔」を第一回文展へ出品するが落選してしまう。1908 (明治41) 年10月家族と衝突し、繁以外の母を含めた5人は、母の実家に向かった。ここから、青木繁の放浪生活が始まる。同年内は、久留米市内を転々とし、年明けから天草、佐賀地方を放浪していたといわれる。1909年4月、青木は久留米に戻り京町の坂本繁二郎留守宅に逗留し、東京にいる坂本に宛て葉書を出している。文面からは傍若無人さは影をひそめ、青木の悲痛な声が聞こえてくるかのようである。

　「小生も学校卒業後四ヶ年の時日を大なる過失の中に葬り了り候事、甚だ痛恨

に堪えず、何事も小生の弱点御承知の貴兄に対して、殆ど慚愧の外弁解の余地これなく、今は忠直なる芸術上の信念さへ自ら歌わざるを得ず候。近く状況の上は四歳月の空費の報復として、粉骨の心にかへり、昔の学生に戻り、兄等の後を追うて高風に抑し度、それのみ胸中を来住致居候」「十年の苦患は唯一日の真の安泰の為に慰められ、百年の研学は一幀の制作の成就によってつぐなわれ候事、素より芸術の士の常任の覚悟に候も、翻って流転ただならざる自己の過去を顧みれば聊か一さんの涙なきを得ず候。……過去は走馬灯の如く小生の脳裏を展開して已まず候。世の荒波は一度二度我を起し、我を冹し、一浮一沈の中、志の事と副わざるもの両三に止まらず候。」(青木繁『仮象の創造』)

坂本繁二郎は、この葉書を受け取った1909年の夏に帰省しており、久留米市中でまったく偶然に青木繁と出会い、飲食を共にし別れたが、それが二人の最後の出会いとなった。この時坂本は、「芸術の為には家族でも捨つると云いつつも、君の念願は絶えず其の為に悩まされて居る。」(松永伍一『青木繁 その愛と放浪』)と青木に語るが、青木は首を振るばかりであった。

6. 最期の時

1910（明治43）年11月22日、結核で臥した病棟から、家族宛に不遇の運命を諦観する青木の言葉がつづられている。

「小生も是迄如何に志望の為とは言い乍ら皆々へ心配をかけ苦労をかけて未だ志し成らず業現れずして定命尽くる事、如何ばかりか口惜しく残念に候なれど、諦めれば是も前世よりの因縁にて有之べく、小生が宿世の為劫にてや候べき。されば是等の事に就いて最早言うべきことも候わず唯残るは死骸にて、是は御身達にて引取くれずば致方なく、小生は死に逝く身故跡の事は知らず候故よろしく頼み上げ候。火葬料位は必ず枕の下に入れて置候に付、夫にて当地にて焼き残りたる骨灰は序の節高良山の奥のケシケシ山の松樹の根に埋めて被下度、小生は彼の山のさみしき頂より思出多き筑紫平野を眺めて、此世の怨恨と憤懣と呪詛とを捨てて静かに永遠の平安なる眠りに就く可く候。」(青木繁『仮象の創造』)

坂本繁二郎と家族とに宛てたこれら二通の書面において、病魔をもふくめ、

第8章 青木繁、『オイディプス王』にみる実存的変容とその意味　　*161*

もう巻き戻ることがないであろう人生の歯車に抗おうとしつつも、断固としてはね返される青木繁の姿を見ることができよう。すべてが時すでに遅しの感を否めないが、〈静物の林檎一つを描くにもその林檎に対する観念思想が現されなくてはならない。〉とする青木において、本意ではないかもしれないが、後半生の鬱積した「怨恨と憤懣と呪詛」の念こそが原動力となり、作画することはかなわなかったのであろうか。たしかに、病魔のなせるわざとはいえ、打ちひしがれた青木において、傲岸不遜ともいえるほどに才能のほとばしるその内的な強さは、もう見る影もないかもしれない。しかし、絶筆となった「朝日」（小城高等学校、91.0×117.0cm、油彩、1910年）にみられる静謐感は、もし傲岸不遜さを精神的強さというならば、貧困や病に強いられたとはいえ、そうした強さをも取りこみ咀嚼した心の有りよう、内的な力の一側面を示しているということはできないであろうか。またそれは、見方を変えるならば、打ちひしがれた心をも秘めた内的な強さということができるのかもしれない。

第2節　『オイディプス王』にみる実存的変容

　この作品は、古代ギリシアにおいてアイスキュロス、エウリピデスとともに三大悲劇作家とよばれたソポクレスの作である。『オイディプス王』の物語は、作品の主人公であるオイディプス王が先代の王を殺害した犯人を捜し出そうとする物語であり、犯人捜しの過程において、オイディプスのアイデンティティ（「自分とは何者か」）がクライシス（危機・崩壊）する話である。そのあらすじを追ってみよう。

1. 下された神託

　オイディプスは、コリントスのポリュボス王と女王メローペ夫妻の一人息子として育てられていた。成人になったある日友人たちとの酒席で、「オイディプスは拾われた子だ」という思いもかけない言葉を聞かされる。気になったオイディプスは、両親に事の次第を尋ねるがお前はわれわれの子だから何も気に

やむことはないと言われる。しかし、不安をぬぐいさることができないオイディプスは、デルポイ神殿におもむきアポロン神の神託を得る。ところが、獲得した神託は、「オイディプスは、父を殺害し母と結婚する」というおぞましいものであった。この神託に愕然としたオイディプスは、コリントスへ足を向けないためにギリシア各地を放浪する。

　そうしたなか、オイディプスはテーバイへやって来る。その頃、テーバイは人面獣身の怪物スフィンクスが人々を恐怖におとしいれていた。スフィンクスは、町はずれで通行人に謎をかけ、謎を解けない者を食い殺していたのだ。オイディプスもスフィンクスに謎をかけられる、「二つ足また四足あるいは三足で地を行くものがある。声は一つ、一番足の多い時が一番歩みののろいものは何か」と。謎はオイディプスによって解かれ、スフィンクスはみずから谷底に身を投げ姿を消す。スフィンクスを退治したオイディプスは、テーバイの人々に歓呼の声で迎えられ、未亡人としてテーバイを治める女王イオカステーとの結婚を請われる。オイディプスは、テーバイの王となればコリントスに戻ることもないと考え、みずからに下されたおぞましい神託を回避するためにもと、イオカステーとの結婚を承諾する。オイディプスがテーバイの王となり十数年が流れ、その間テーバイはそれまでにもまして平和な繁栄の時を迎えていた。イオカステーとの間にも二男二女をもうけ、幸せな時を過ごす日々であった。

2. 新たな神託

　平和な繁栄の日々、突然テーバイが原因不明の疫病にみまわれる。疫病は、作物が実らず家畜たちの子も死産となる病であった。人々は、オイディプスにテーバイを疫病から救うことを嘆願する。オイディプスは、疫病を解決するために義弟クレオンをデルポイに使わし、神託をうかがわせる。クレオンがもち帰った神託は、「先代の王ライオスを殺害した者を処罰するならば、疫病は消えさるであろう」というものであった。オイディプスによるライオス王の殺害犯捜しが始まる。

　オイディプスは、ライオス王の殺害犯の手がかりをつかもうとするが何も進

展がみられなかったので、新たに予言者テレシアスに手がかりを求めようとする。だが、テレシアスは、殺害犯を捜し出そうと努力するオイディプスの求めに応じず黙すままであった。オイディプスは、何も語ろうとしないテレシアスに対して怒り、テレシアス自身が殺害犯の一味でないかとさえ語る。そのため、テレシアスは「ライオス王を殺害したのはオイディプス王だ」と重い口を開く。オイディプスは激怒し、神託を運んできたクレオンと共謀して自分を追い落とそうとしていると、さらに怒りの矛先をクレオンにまで向ける。オイディプスとクレオンとの言い合いが始まる。

　夫と弟とのいさかいを案じて、イオカステーは予言者の言葉などあてにならないと語る。イオカステーは、自分とライオス王が受けた神託の不確かさについて話し、予言者の言葉も同様にあてにならないのだと言う。イオカステーがライオスとともに受けた神託は、「息子によって殺される」というものであった。しかし、ライオス王は盗賊たちによって殺されたのであり、また、たしかに息子は生まれたが、生まれてすぐに留め金で足くるぶしをさし貫きキタイロン山に遺棄させたのであり、神託は実現することはなかったとイオカステーはオイディプスに語る。これを聞いたオイディプスは突如不安に落とされる。ある老人たちの一行を道を譲る譲らないということで殺害した過去の記憶が鮮やかに蘇ってきたのである。ライオス王は盗賊たちに殺害され自分は一人で老人たちを殺害してしまうのであるが、イオカステーが語る状況が、この記憶と重なるのである。オイディプスは、預言者テレシアスが語る通り自分がライオス王を殺害したのではないかという不安にさいなまれる。イオカステーは、ライオス王が殺害された時に生き残った従者を呼ぼうと言い、オイディプスの不安を拭おうとする。

3. オイディプスの出自

　そこへ、コリントスからの使者がポリュボス王の死を告げ、オイディプスにコリントス王への即位を求めにやって来た。オイディプスは、ポリュボス王の死によりあのおぞましい神託が実現しないことに安堵するが、母のいるコリントスには帰れないと答える。使命を果たさねばならないコリントスの使者は、

オイディプスを翻意させるために、ポリュボス王夫妻はオイディプス王の実の親ではないことを明らかにする。赤ん坊のオイディプスを拾い子として王夫妻に渡したのが使者自身であり、その証としてオイディプスの足くるぶしの腫れ跡を指摘する。オイディプスの名は、「腫れた足」を意味する言葉であったのである。オイディプスは再び神託の不安にとらわれる。
　二重の不安にオイディプスが苦しむなか、イオカステーが呼びにやらせたライオス王が殺害された時一人生き残った従者が現れる。オイディプスは、気を取り直し、いまは故郷に帰り羊飼いとなったこの生き証人にライオス王が殺害されたいきさつを問うが、老羊飼いは何も語ろうとしない。沈黙する老羊飼いに、コリントスの使者も、お前はキタイロン山で赤ん坊を渡してくれた羊飼いだと言うが、老羊飼いはやはり黙したまま何も語ろうとしない。オイディプスは、ライオス王の殺害に加えてオイディプス自身の出自についても問い続けるが、老羊飼いは口を開かない。業を煮やしたオイディプスが老羊飼いを処罰しようと命じた時、「赤ん坊はライオス王の子」と老羊飼いは語り始める。ついにオイディプスは、自分がライオス王とイオカステーの子であり、あのおぞましい神託をそれとは知らずに実現していたことを知るのである。追い打ちをかけるようにイオカステーが自室でみずから命を絶ったとの知らせが入り、オイディプスも駆けつける。イオカステーの姿を見たオイディプスは、父を殺害し母と結婚した自分を罰しようとイオカステーが身につけていたブローチでみずからの両眼を突き刺し、テーバイの王として最後の命令を下す。オイディプスをテーバイから追放せよと。

4. オイディプスの悲劇と不条理

　『オイディプス王』においては、ライオス王殺害犯を捜すオイディプスの奮闘の結果、見事に殺害犯が発見され真実が明らかになる。オイディプスが栄光に包まれる瞬間であるが、それはまさしく刹那の栄光であり、父を殺し母と結婚するというおぞましい神託の実現者として、オイディプスは悲劇のどん底に突き落とされる。それまで知ることのなかった運命がオイディプスの真実とし

てあらわになる。この作品においては、人間における幸不幸の表裏一体性が鮮明に描かれているといえよう。また、オイディプスによる神託の回避が神託の実現につながり、人々の善なる行為の積み重ねがオイディプスに悲劇をもたらしてしまうという人間の不条理が語られるのである。

　王としてのオイディプスは、盲目となったオイディプスと対比される。誉れ高いオイディプス王において体現される知力や勇気や正義らは、あらゆる困難を解決する力である。さしずめ視覚は、あらゆるものを見通す力として偉大なオイディプス王の象徴となる。たしかに、この力は、犯人を明らかにするのであるが、同時に諸刃となりオイディプス王を悲劇のどん底に突き落としてしまう。知力にすぐれ勇気にみちた正義の王であり、良き夫、良き父といったオイディプスを支えてきた種々のアイデンティティがすべてにおいて破綻をきたすのである。オイディプスの妻イオカステーにおいても、同様なアイデンティティの破綻をみることができる。その破綻において、イオカステーは自死するのである。

　しかし、盲目のオイディプスは、それまで視ることのできなかったみずからの運命を見ることができるとはいえ、おぞましい神託を実現した者として人々にさげすまれ、滅びのなかを生きる。盲目のオイディプスは、誉れ高き王、良き夫、良き父というアイデンティティの破綻を生きる存在である。だが、そうした破綻したアイデンティティは、真のアイデンティティではなく、さしあたりのアイデンティティにすぎなかったのである。オイディプスの真のアイデンティティは、運命に翻弄され、おぞましい神託の実現者として在ることにほかならない。オイディプスにおいて、ライオス王殺害犯を捜し出すなか、いまあるアイデンティティを徹底的に生き抜き沈潜することによって、真のアイデンティティが顕在化したのである。その意味で、盲目のオイディプスは、それまで自分を支えてきた種々のアイデンティティが破綻し否定されるという精神的打撃のなかを生き抜く人間の姿にほかならない。そうした破綻を肯定し生きる盲目のオイディプスは、人間の比類ない精神的な強さ、内的力の象徴といえよう。

　なお、深層心理学を開拓したフロイトは、ギリシア悲劇の諸作品に強い関心をもち、『オイディプス王』が醸し出す緊迫感を素材の異様さから生ずると述

べるとともに、父親とは険悪な関係にあり母とは良好な関係にある息子の心理をオイディプス・コンプレックスと名づけている。フロイトは、他方娘と両親の関係については、父とは良好な関係にあり母とは険悪な関係にある娘の心理を、ミュケーナイ王家の物語に登場する女性エーレクトラーにちなんで、エーレクトラー・コンプレックスと名づけている。

第3節　ニーチェ的視座による意味づけ

青木繁や『オイディプス王』にみられる、弱さや破綻を肯定する精神的力の強さ、あるいは相反するものをも内にふくむ内的強さについて考える時、フリードリッヒ・ニーチェ（F.Nietzsche, 1844-1900）の言葉は、われわれに一つの示唆を与えてくれるだろう。

1. ニーチェの視座

思想発展の中期を代表する著作『悦ばしき知識』において、ニーチェは、キリスト教精神や道徳といった旧来の価値規範が倒壊した近代ヨーロッパ世界について語る。

> 「哲学者にして自由精神であるわれわれは、〈古い神は死んだ〉という知らせを聞いて、まるで新しい曙光に照らされでもしたように感ずる。われわれの胸は、そのとき感謝と驚嘆と予感と期待であふれみなぎるのである。ついに、水平線は再び開けたようだ。まだ明るくなってはいないにしても、われわれの船は再び出帆することができる。あらゆる危険を冒して出帆することができる。認識する者のあらゆる冒険が再び許され、海が、われわれの海が、再び眼前に開けている。もしかしたら、こんなにも〈開けた海〉など、いまだ一度たりともあったことはなかったであろう。」（ニーチェ『悦ばしき知識』）

ニーチェにおいて、それまで世界に屹立してきた諸価値が倒壊し眼前に開ける、この「われわれの海」とは何を意味しているのであろうか。端的に、それは、かつては〈死した神〉が住まう世界であった、われわれの「内的世界」に

ほかならないであろう。この「われわれの海」の内実について、ニーチェは次のようなアフォリズム（警句）で語っている。

「実証主義(Positivismus)を完全に自分自身の内に受け入れること、そして今、なおかつ観念論(Idealismus)の担い手であることが必要である。」（ニーチェ「遺稿」）

観念論的な超感性的世界（神や霊魂などの世界）と実証主義的な感性的世界（現実の世界）とに位階を設け、一方を真なる世界、他方を見せかけの世界と見なすあり方を古い秩序図式として破壊するのである。このニーチェにおける実証主義と観念論の並置の思想的境位が、神の存在に象徴される古い秩序図式を破壊する新たな秩序図式の確立であることは容易に理解されよう。それゆえ、実証主義と観念論の並置のアフォリズムにおいて、実証主義と観念論の単なる折衷でも、観念論から実証主義へのあるいはその逆の相対的移行でもない、ニーチェの言うところの人間が冒険する「内的世界」の存在の有りようが確認されるのである。端的にいえば、観念論と実証主義という相反するものをも要素とする内的世界の確認である。内的世界をめぐるニーチェのこの指摘は、青木繁が呻吟し、盲目のオイディプスが生きた世界の特質を言い表しているといえる。この内的世界の内実について、さらに考えてみよう。

2. 青木繁の呻吟、盲目のオイディプスの意味

人間にとって自明であった支持基盤が消え去り、孤独な絶望の淵が個々の人間に開示されたとき記されるものだとしても、ニーチェにおいてこの「内的世界」へと歩を進めることは、「急迫してくる実在から身を引いて思想の国に安息を見出そうとする試み」（シュルツ『変貌した世界の哲学2』）ではない。また、この歩みは、決して「あらゆる外的な支えが崩れ去っても、自己の内部に、つまり自分の人格の最奥の核心の中に……あの究極な支え」（Bollnow, Neue Geborgenheit）を把握することによって不安を脱しようとする試みでもない。世界や生の意味喪失という状況を克服するために人間の内面の内に究極的な支えを形成しようとする試みは、自己の内に世界や生の支持的基盤をもつことであ

る。すなわち、人間の内面の内に究極な支えを獲得しようとする試みは、他者の存在を必要とせず、いわば彼岸の世界に自己の生をおくることを意味することになってしまう。それは、〈いびつな内的世界〉の構築にすぎないのであり、ニーチェにとって内的世界への歩みのためには、まずもって、このいびつさをたわめることが課題となる。いびつな内的世界の構築を排除することは、端的にいえば「人間の外部にある実在との支持的な関連を再び取り戻すこと」(Bollnow, Neue Geborgenheit) によって、はじめて可能になると思われる。とはいえ、その方途は、予定調和的に獲得されるものでもなく、錨をもつことなく波浪に翻弄される様を呈する危険な冒険の道といえよう。

　社会規模での巨視的変容においてであれ、個人レベルでの微視的変容においてであれ、われわれ一人一人の内には、器としての社会がさまざまに変転しようとも、決して変わることなくあり続ける精神的強さとしての内的力をみることができよう。さまざまな社会的、個人的災厄にもひるむことなく立ち上がる姿は、まぎれもなくその証左にほかならない。

　青木繁における苦悩やオイディプスの運命に翻弄される姿は、いびつさをたわめた内的世界について考える上で幾ばくかの示唆を与えてくれると思われる。すなわち、われわれの内的力の強さは、統一した秩序も価値も存在しない世界における生存への不安をのりこえて進むことにほかならない。はげしく変貌する社会において生きることへの不安は、くめどもくめども尽きることなくわれわれを襲ってやむことがない。そうした不安に対峙する時、いびつさをたわめた内的世界に住まうわれわれに、青木繁やオイディプスの形姿は、一面の答えを教示しているように思われるのである。　　　　　（菅野　孝彦）

【引用・参考文献】

Friedrich Nietzsche Werke, Gesamtausgabe, hrsg. v. G.Colli und M. Montinari, Berlin, 1967ff.
O.F.Bollnow, Neue Geborgenheit, Stuttgart, 1955.
ソポクレス『オイディプス』藤沢令夫訳、岩波文庫、1967 年。
ワルター・シュルツ『変貌した世界の哲学2』藤田健治訳、二玄社、1979 年。

青木繁『仮象の創造』中央公論美術出版、2003 年。
植野健造「想像力と表現法：青木繁《海の幸》の問題」『美學 42 (3)』、1991 年。
河上正秀編『他者性の時代』世界思想社、2005 年。
河北倫明『河北倫明美術論集・第三巻』講談社、1997 年。
菅野孝彦『ロゴスを超えて』弘学社、2003 年。
中村義一「青木繁の芸術の完成と未完成」『美學 24 (1)』、1973 年。
松永伍一『青木繁　その愛と放浪』日本放送出版協会、1979 年。

コラム：絵画と思想表現

　哲学的思索の使命の一つが、自分や人間や世界を意味づけ、根拠づける試みであるとするならば、絵画作品は、画家自身が自分や人間や世界について考えることの間接的、直接的な反映と捉えることができよう。ちょうど、美しい山を前にして、画家は絵を描き、詩人は詩を詠み、作曲家は曲をつくるというように、さまざまな試みが可能であると同じように、絵画作品を描くことは自分や人間や世界を意味づけ、根拠づける試みの一つといえるであろう。

　ニーチェは、こうした絵画作品のような非言語的表現における、自分や人間や世界を意味づけ、根拠づける可能性について指摘する。「人は自分の思想でさえも、完全に言葉で再現することは出来ない。」「この新しい魂は、歌うべきであった。語るべきではなかった。」と、ニーチェは語っている。こうした考えをもつからといって、ニーチェ自身、言葉でもって思索することに労をおしむことはない。むしろ、労をおしまないがゆえにこそ、ニーチェは言語表現の限界を自覚し、そうした言語表現の限界を補完するものとして詩作品について言及するのである。

　このように詩作品や絵画作品といった芸術作品における思想表現の可能性を、たとえば、ピカソ (P.Picasso, 1881-1973) の『軽業師の家族』やリルケ (R.M.Rilke, 1875-1926) の『ドゥイノの悲歌』の詩にみることができる。リルケは、ピカソが 1905 年に描いた『軽業師の家族』に深い感銘をうけ、かつてパリで見た軽業師たちの技の数々をも思い起こしつつ、1922 年『ドゥイノの悲歌』の第五歌を書き上げた。いずれも、われわれに現前する世界にはもはや統一した秩序も、価値も存在しないという認識、また、その認識より生ずる生存の不安を表現している。

9 科学の確かさの限界
科学技術の是非を判断するために

　わたしたちは、危険をもたらす可能性がある科学技術であっても、便利さを優先して用いている。そこでの判断を支えているのは、いずれその技術を安全なものにするという科学への信頼である。しかし、科学技術が発展するにつれて、その危険の可能性も大きくなると、科学の説明をどこまで認めてよいか不安が生じてくる。たとえば、環境破壊や原発事故など、甚大な危険をはらむ科学技術は、科学によって進歩する前に、取り返しのつかない被害を引き起こしてしまうかもしれない。このような意味で、現代では、科学の説明の確かさがゆらいでいるといえるのではないか。本章では、科学の限界を見極めることをとおして、科学技術の是非を判断するための新たな方法を探ってみたい。

はじめに

　本章で考えてみたいのは、現代における科学への信頼とその限界についてである。現代の科学技術はふたつの面をもっており、人間の生活を飛躍的にゆたかにする一方で、予想できない大きな被害をもたらす危険をはらんでいる。たとえば、環境問題や原子力発電の問題などを考えればわかるように、科学技術によるゆたかさの実現とその危険は、つねに表裏一体の関係にある。それでも、そのような科学技術の使用を認めるとすれば、次のような理由が考えられる。それは、科学という学問の発展にもとづき、科学技術はたえず進歩するという考え方である。科学は、自然の仕組みやはたらきを次々と明らかにする。その結果を応用することで、科学技術は安全なものとなる。現代における科学技術は、こうした科学への信頼に支えられているといえる。

しかし、科学技術のはらむ危険が大きくなっている現代では、科学の説明をそのまま受け入れることにためらいを感じるのも事実である。とくに、環境破壊や原発事故などは、一度起こると取り返しのつかない被害を生む。そうした被害を引き起こしうる科学技術にかんしては、まちがいを修正しながら発展するという科学の方法はそぐわない。ただし、科学への信頼はあまりに強力でもあるため、漠然とした科学技術への不安が、根拠のないものとして無視されかねない。また、そのために、ある科学技術を用いるかどうかを問うことさえ許されない場合もある。そこで、本章ではまず、現代科学の成立過程とその科学的説明の限界についての主張を確認する。そして、科学技術の是非を判断する現代の代表的手法であるリスク評価を取り上げ、科学の限界が、実際に科学技術の判断にどのような変化をおよぼすかをみていく。それにより、科学技術をめぐる思考の自由をとりもどし、科学だけに頼らない判断基準の必要性を示したい。

第1節　科学の正当性の思想的起源

　まずはじめに、科学への信頼がどのようにして生みだされてきたか、思想史的な背景を確認しておこう。
　あらかじめ述べておくと、現代のわたしたちが知っている科学の源は、17世紀のヨーロッパにおいて生まれたと考えられている。その出来事は、「科学革命」と呼ばれ、これまでと異なる自然理解がなされるようになった。そこで大きく変わった点としては、目的論的自然理解（自然は、その本来（理想）のあり方に向けて運動する）から機械論的自然理解（自然は機械と同じように自動的に運動する）へ、また、認識の対象から利用、操作の対象としての自然理解へという、ふたつが挙げられる。本節では、このような科学的自然観をつくりだした二人の哲学者（デカルト、ベーコン）の主張を取り上げ、現代科学の思想的特徴を明らかにしたい。

1. 機械論的自然観

わたしたちが、科学的説明こそ合理的であると考える場合、そこには、自然が秩序だった構造をもっているという自然理解がある。こうした自然観は、自然を機械と同じものとみなしたデカルト（R.Descartes, 1596-1650）に由来している。

（1）機械としての自然

デカルトが画期的な自然観を打ち立てた哲学者として位置づけられる理由は、彼が量や因果関係を用いた数学的な方法によって自然を説明しようとしたところにある。それ以前は、自然にはある調和した本来の姿があり、それにしたがって、あるいは、それに向けて運動するという、古代ギリシアの哲学者アリストテレスが主張した自然観（これを目的論的自然観という）が有力であった。これに対して、デカルトは、形、大きさ、運動などの概念を用いて自然を理解する。たとえば、物体が落下するという自然現象は、アリストテレスの場合、物体がその本来の位置に向かって動くと考えられる。他方、デカルトの場合は、高さaに位置する重量bの物体が落下すると、c時間後に高さdに到達する、という理解になる。

このように、数学的方法によってとらえられることにより、決まった動きをする自然現象が明らかになってくる。ここから、すべての自然現象を物体と運動のみから理解する機械論的自然観が生まれてくる。機械は部品が組みあわさって一定の動きをする。そして、その仕組みは正確に知ることができる。デカルトは、自然を数学的方法によって知ることをとおして、規則的に運動する物体から成り立つ機械と同じ構造を、その中に見いだす。

（2）秩序をもつ自然を作った神

ただし、自然界には、数学的に説明できない現象があるのも事実である。この事実からすれば、本当に自然が機械と同じように秩序だって成り立っているのか、という疑問の余地が残る。では、それにもかかわらず、機械論的自然観が正しいといえるとすれば、どのような理由によるのだろうか。

デカルトが機械論的自然観の正しさを説明する場合、キリスト教の神がもち

だされる。今日のわたしたちのイメージからすると、宗教と自然科学は対立すると考えられることが一般的であり、両者を結びつける説明は、少々不思議に感じるかもしれない。だが、彼のいう神は、物体や運動を創造した存在のことである。そこでは、数学的な秩序と神の完全性が同じ特徴としてとらえられている。そのため、神が創った世界が、機械のような秩序だった構造をもっているという考え方に矛盾はない。デカルトは、自然に備わっている秩序だった法則について、「神が自然の中にしっかりと定めているものであり、かつその観念をわれわれの精神の中にしっかりと刻みつけているものであって、それについて十分反省しさえすれば、それら法則が世界において存在し生成するすべてのものにおいて厳格に守られていることをわれわれは疑いえない」(『方法序説』195 ページ)と述べている。彼は、完全なものを創る神の存在を借り、自然が数学によって表される秩序だった法則から成り立っていることを主張したのである。

(3) 自然の唯一の説明方法としての科学

このように、自然が数学的な秩序をもっているとすれば、その構造を正確に知り、表すことができる。したがって、デカルトはまた、機械論的自然観にもとづき、疑うことのできない明らかな方法によって自然を理解すべきだと主張した。数学は唯一の解答を要求し、あいまいさを認めない。そのため、機械論的自然理解は、時代や場所にかかわらずだれにとっても当てはまる普遍的正しさをもつことになる。それは、自然の理解の仕方はひとつに決まっており、それに反する解釈はまちがっているという判断につながっていく。現代における、科学こそただひとつの正しい理解の仕方であるという考えは、このデカルトの自然観に始まりがあるということができる。

2. 操作対象としての自然

17 世紀に現れた科学的自然理解のふたつ目として、自然を操作し人間のために役立てようとする考え方が挙げられる。それまで、自然に関する研究の目的は、おもにその構造を明らかにすることに向けられていた。そのため、自然についての知識が、人間の活動と直接結びつけられることはなかった。もちろん、

技術についての研究はなされていた。けれども、それが現在のように自然研究と密接につながってはおらず、両者はおのおの独自におこなわれていた。

（1）利用の対象としての自然

それに対し、自然についての知識は、人間の活動のために役立てられるべきであり、自然研究はそれを目的とするべきであると初めて主張したのが、イギリスのベーコン（F.Bacon, 1561-1626）である。ベーコンは、それまで自然の構造を理解するために用いられていた人間の知識は、それにとどまらず、自然を利用するための知識でもあると主張した。彼は、次のように述べている。「人間の知識と力とは合一する。原因が知られなければ、結果は生ぜられないからである。というのは、自然は服従することによってでなければ、征服されないのであって、自然の考察において原因と認められるものが、作業においては規則の役目をするからである」（『ノヴム・オルガヌム』231ページ）。

人間は、自然を研究することによって、その仕組みを知る力をもっている。たとえば、ある原因に対して、決まったひとつの結果が現れるという知識を得る。もちろん、知識を得たからといって、この原因―結果の因果関係を作りかえることはできない。けれども、その関係を自分たちの活動に役立てることはできる。原因と結果の関係をあらためて規則として法則化することにより、あらかじめ目的にあわせて自然を利用することが可能となる。つまり、計算によって自然の動きを予測したり、コントロールすることが可能となる。ここにおいて、自然はたんなる観察対象ではなく、人間が操作可能なものとして位置づけられるようになる。自然が備えている原理を応用するという、現代ではあたりまえの視点も、ベーコンが初めて主張したのであった。

（2）自然の利用と人間の生活のゆたかさ

ベーコンが、自然の原理は人間の活動のために用いるべきだと主張したのはなぜだろうか。それは、人間の利益のために自然に手を加えることにもつながり、現代からすると、環境問題の原因とみなされかねない。では、ベーコンがそのような自然理解をする意図はどこにあったのか。

自然の知識は自然を利用するためのものである、とベーコンが主張する理由

は、それが人間の生活をゆたかにすることにつながると考えられているからである。彼は次のようにいう。「……技術の歴史の効用は、すべて歴史のうちで、自然哲学のためにもともと根本的で基本的なものである。自然哲学といっても、細かい区別だてをしたり、崇高にすぎたり、あるいは勝手な空論に終わる自然哲学ではなくて、人間の生活の幸福と利益とに貢献するような自然哲学である」(『学問の進歩』69ページ)。構造を細かく分類したり、あるいは、壮大な自然観と結びつけて自然を解釈するそれまでの自然研究(自然哲学)は、ともすれば、現実とかけ離れた空想的理解になりかねない。そのため、ベーコンは、自然研究は現実的なものであるべきである、つまり、人間の幸福や利益と結びついたものであるべきだというのである。

　ベーコンが、このように自然の知識の活用を主張する歴史的背景としては、技術が当時の社会に与えた影響力を挙げることができる。彼の生きた時代では、工業、貿易、文化などさまざまな場面で新しい技術が用いられ、ヨーロッパ社会は近代化の道を進んでいく。そこでは、技術が社会に及ぼす成果を目の当たりにすることができた。ベーコンの自然観は、このように、社会が技術の成果を取り込みながら発展する時代状況の中で生まれてくる。知識によって自然を利用するべきという彼の自然観は、その負の面をみている現代のわたしたちの状況とは異なり、知識にもとづく技術のめざましい成果をふまえて打ちだされたものであった。

　ここまで、現代のわたしたちが受け入れている科学の説明が、どのような思想にもとづいているかを確認してきた。デカルトにより、数学的な原理によって理解される機械論的自然理解が、また、ベーコンにより、人間の活動のために自然を利用するという、操作対象としての自然理解が現れる。自然をこのように理解する科学は、つぎつぎとその原理を明らかにし、科学技術への応用によってその正しさを確認するというかたちで、確実かつ有用な学問として信頼を得ていく。こうした科学への信頼は、18世紀になると「啓蒙主義」によってさらに加速する。啓蒙主義においては、科学と技術が直接結びつき、もはや科学の正しさの基礎づけは問われなくなる。とくにフランスの啓蒙主義者たち

にみられるように、まさに科学は、人間の進歩をもたらすために存在するという理解にまで徹底化されていく。科学が自然の原理を明らかにし、それを用いた科学技術が人間の世界をゆたかにしていく。現代における科学の正当性は、以上のような思想的背景によってかたちづくられていったのである。

第2節　科学の限界

　前節では、自然の秩序だった原理を明らかにし、その原理を技術に応用することによって人間の世界をゆたかにする、という科学の特徴を明らかにした。これらの特徴が、科学への信頼をもたらしている。

　だが、現代では、同じ特徴がやっかいな問題をひきおこす。というのも、もし、科学こそが唯一の正しい自然理解だとすると、科学技術それ自体の是非を問うことがむずかしくなるからである。たとえば、原子力発電という科学技術は、いまのところ問題解決の見通しが完全に立っている段階になく、取り返しのつかない被害が起きるおそれがある。こうした疑問に対して、科学の立場では、その問題の構造をいずれ明らかにし、技術に応用することで解決可能であるという答えとなる。つまり、ある科学技術の問題は、自然の仕組みの研究が途上にあることに由来するのであって、その科学技術を用いること自体がまちがっているわけではないという判断になる。したがって、科学を前提とするかぎり、どのような科学技術も、「いずれ解決される」という理由で、認めることしかできなくなってしまう。こうした状況では、自然を完全にはとらえきれないために、科学技術がコントロール不能となるという可能性を考えられなくなってしまう。そして、もし科学にそのような限界があるとすれば、科学技術を、危険をはらんだままどこまでも使い続けることになってしまう。

　本節では、現代における科学への疑問が、たんなる根拠のない感覚などではなく、科学の限界を示している可能性について考えたい。そのような主張をした学者として、リオタールとギデンズを取り上げる。リオタールは、現代における科学の正当性が自明でなくなっていることを指摘し、ギデンズは、科学に

もとづいた社会の諸活動が進むべき方向を失っていることを指摘する。本節では、彼らの主張を確認することで、現代における科学の限界を明らかにしたい。

1. 科学の有限性

フランスの哲学者リオタール（F.Lyotard, 1924-1998）は、現代の学問的状況を「ポストモダン」と定義したことで有名である。彼は、デカルト以来真理の探求を担ってきた近代の学問（科学もここに含まれる）が、自明の正当性を失った現代を「ポストモダン」と呼ぶ。そこで、彼のポストモダン論とそこにおける科学の役割についてみていくことにする。

（1）近代科学を支えた大きな物語

リオタールは、「モダン」（近代）における学問の正当性は、みずから真理を見いだしていく人間の能力である理性にしたがうという方法に由来する、と主張する。この方法は、伝統的な権威や宗教にしたがって世界を理解する方法に対抗して打ちだされたものである。近代の学者たちにとって、権威的、宗教的な論理は、真理に向かう道をさまたげる障害とみなされた。これに対し、彼らは、みずから観察し思考する理性を使うことにより、そうした障害を乗り越え、真の知識を知ることができると考えた。ただし、近代の学問が、実際にそのような正当性をもつためには、理性のはたらきこそが真理の獲得を可能とすることを基礎づけなければならない。リオタールは、そうした人間の理性のはたらきを基礎づけるものを、「大きな物語」と呼ぶ。

「大きな物語」とは、人間の理性のはたらきこそが、自然や社会の真理を明らかにすることを述べたものである。そして、この考えを論理的に説明する役割を果たしたのが、近代哲学である。リオタールによれば、近代哲学は、いずれも何らかの仕方で、理性的活動と真理の解明の関係を示そうとしているという。たとえば、前節で取り上げたデカルトは、理性による数学的な方法こそが、真の自然理解をもたらすと主張した。また、社会に関しても、ドイツの哲学者であるヘーゲル（F.Hegel, 1770-1831）のように、理性によってこそ、社会を成り立たせている論理を読みとることができると主張された。リオタールは、このように、伝統的

権威や宗教ではなく、人間がみずからの理性によって真の知識を手に入れることができる、という「物語」が近代の学問を基礎づけていたという。

　この構図は、科学の場合にもあてはまる。つまり、科学の正しさは、それが理性にしたがって自然を理解できるという「大きな物語」に支えられた活動であることによって認められることになる。反対に、このことは、たとえ科学であってもそれ自身だけでは正当性をもちえないことも意味する。科学を普遍的な学問であるとみなす立場からすると、科学の正しさの根拠は、科学それ自身のうちにあると考えられる。しかし、リオタールは、「科学的知は、別の知、つまり科学的知にとっては非知である物語的知に頼らないかぎり、みずからが真なる知であることを知ることも知らせることもできない」（『ポストモダンの条件』77ページ）とのべ、科学が真理を扱っているということは、じつは別のものによって基礎づけられているという。たしかに、科学はそれ自体で正しいといってしまうと、なぜ科学の説明が正しいのかという疑問に対して、「科学にもとづいているから」と答えることしかできない。そこでは、みずからの用いる基準の正しさを自分で基礎づける循環に陥ってしまう。そのようにはならず、科学が実際に正当性をもつことができたのは、それが理性のはたらきに即した方法であるという「大きな物語」の基礎づけがあったからなのである。

（2）ポストモダンと大きな物語の喪失
　このように、近代においては、「大きな物語」が学問の正当性を保証していた。しかし、現代においては、この正当性が無条件には認められなくなっており、そのような特徴をもった時代が「ポストモダン」である、とリオタールはいう。彼は、「極度に単純化していえば、「ポストモダン」とは、このメタ物語に対する不信感であるといえる。」（前掲書8-9ページ）と分析する。つまり、「ポストモダン」においては、理性が真理を明らかにするという「大きな物語」がうたがわれ、それとともに、近代的学問を基礎づける力をもたなくなっているというのである。

　では、なぜ、現代において大きな物語が信頼を失ってきたのであろうか。リオタールは、その理由として、「技術の進歩」と「資本主義の拡大」というふたつの点に注目する。もともと「大きな物語」において、技術が進歩したり資

本主義にしたがって利益を得ることは、学問の発展の結果にすぎず、学問の第一の目的はあくまで真の知識を求めることにある。しかし、現代では、学問の目的が、それまで二次的だった技術の進歩や経済的利益そのものになっている。ここでは、学問が技術や資本主義に役立つために存在するという逆転現象が現れる。その結果、このふたつの点が学問を基礎づけるようになり、それとともに大きな物語の役割が衰えていく。

　技術の進歩においては、真理よりも効率性が求められる。また、経済的利益の増大も真理と直接の関係はなく、富を増やすことが目指される。このようにして、学問が技術の進歩や経済的利益の増大のための手段となるやいなや、その内容は、もはや真理とはかけ離れてしまうため、絶対的に正しいものとはいえなくなる。

　ここで、ポストモダンにおける知は、問題を抱えることになる。技術の進歩や利益の増大は、確かに学問の大きな成果である。しかし、その成果は、大きな物語にかわる学問の正しさの基礎とはなりえない。なぜなら、同じ技術の進歩や利益の増大によって、他方で不利益をうける可能性のある人もいるからである。そのため、いくら技術の進歩や利益の増大がもたらされるとしても、それを目指す学問が、だれにでも受け入れられる正当性をもつことはできない。

（３）ポストモダンにおける科学の限界

　このリオタールのポストモダン論は、現代において科学に向けられる疑問に、理由があることを示しているといえるだろう。近代においては、大きな物語、つまり、理性にしたがい真理を明らかにするという物語によって、科学の正当性が基礎づけられていた。現代でも、科学の絶対的な正しさを認める人は、この基礎づけを受け入れているといえる。他方で、現代の科学の活動は、技術やそれの生みだす利益と強く結びついている。この現状をふまえると、もはや、大きな物語は力をうしない、それとともに科学の正当性が自明でなくなっているというリオタールの指摘にうなずかざるをえない。だとすると、科学の説明に不安を感じることは、ただちに誤りとはいえなくなる。むしろそれは、科学による技術の発展や利益の増大がもたらす悪影響を見すえた反応であ

るともいえる。また、科学のみが唯一の正しい説明であり、それ以外の理解は非科学的であるために誤っているという判断も成り立たなくなる。このように、リオタールのポストモダン論にしたがうならば、デカルトのいうような科学の自明性は認められなくなるのである。

2. 方向を失った科学

　科学も含む近代の学問について、とくにそれが社会において果たす役割を考察したのが、イギリスの社会学者ギデンズ（A.Giddens, 1938-）である。ベーコンは、科学が人間の活動のために役立てられるべきであると主張した。そして、啓蒙主義の時代を経て、科学は人間の生活や社会をゆたかにしていくものだという位置づけが定まっていく。こうした科学の役割は、現代でも認められている。だが、ギデンズは、現代においては、学問が社会をゆたかにすると断言することができなくなっていると指摘する。そこで、次に、ギデンズの主張を確認し、現代社会における科学の位置づけについて考えることにする。

（1）社会の再帰性

　ところで、対象を正確に理解することを目的とする学問といえども、その時代の社会のあり方と無関係に進められているわけではない。学問には、たえず社会に有益な内容を与えることを目指すはたらきがある。ギデンズは、このはたらきのことを「再帰性」と呼ぶ。学問は、ただ単独にではなく、それが属する社会の抱える問題や必要に立ち返りながら展開していく。

　たとえば、前近代社会において、社会は都市、農村、身分制などの閉じた共同体をかたちづくっていた。おのおのの共同体には、それぞれ異なった伝統や習慣が存在しており、人々はそれらにしたがって行動していた。このような社会における学問の目的は、伝統や習慣を維持していくことである。よって、前近代の学問は、社会の伝統や習慣に立ち返りながら展開していくことになる。これに対して、時代が近代に進むと、人々の活動の範囲は、交易の発展などを通して広がっていく。それにともない、これまでの小さな閉じた共同体はしだいに崩れ、かわりにより大きな共同体が生まれてゆく。たとえば、都市や農村

という共同体が消え、かわりにより大きな市民社会、あるいは国民国家、さらにはグローバル社会といった枠組みが現れてくる。すると、この時代の学問は、市民社会、国民国家、グローバル社会という共同体に立ち返り、それに役だつ知識を生みだすことが目的となる。

(2) 社会の発展を目指す理性

近代の学問は、このような近代社会との関わりの中で展開していく。ただし、近代社会に役に立つということだけでは、その学問の正しさを基礎づけることはできない。なぜなら、そのことだけでは、近代の学問が前近代社会の学問と「異なっている」といえるだけだからである。近代の学問が前近代の学問よりも「正しい」学問であることを基礎づけるものとして、ギデンズにおいても「理性」のはたらきに注目される。

リオタールのところでも述べたように、理性とは、真理を解明・実現する人間の能力のことである。近代社会における真理とは、前近代的な共同体にしばられることなく行動することができたり、また、それにともない時間的、距離的な制限にじゃまされることなく行動できる自由のことである。したがって、社会に関わる近代の学問が目指すのは、人々がより大規模、スムーズに活動するためのシステムづくりである。

(3) 理性の限界

近代の学問は、このように理性にしたがい、人間が自由に活動できる社会に貢献する。そして、このことが、学問の正しさを基礎づけていた。しかし、ギデンズは、後期近代、つまり現代においては、その基礎づけが失われつつあると指摘する。たしかに、現代において人々の活動はより自由を求め、ますます大規模化、効率化している。ただし、そうした動きは、よいことをもたらすばかりではない。活動が大規模になれば、それにともなう共同体間の対立も生まれてくるし、効率化が進めばかえって活動の選択肢が少なくなるということもある。こうした点に目を向けると、理性にもとづく学問が、かならずしも社会をゆたかにするとはいえなくなってくる。むしろ、学問が社会の問題の悪化を手助けしているとさえ思える場合も現れてくる。

だとすると、学問は、みずからが本当に人間や社会のために有益な知識を生みだしているかどうか確認する必要がある。しかし、ギデンズは、それが容易ではないとも主張する。上で述べたように、学問には、たえず社会に立ち戻りながら展開する再帰性という運動がある。近代の学問の場合は、たえず社会の大規模化、効率化を課題として研究が展開されていく。だが、現代においては、そうした学問の成果が、かえって望ましくない問題をひき起こしている。そうなると、もはや理性にしたがって真理を実現するというはたらきを、その学問のうちに読み取ることができなくなる。

　そこであとに残るのは、社会に立ち返り、大規模化や効率化をもたらす知識を生みだすことを目的とする循環運動のみである。理性の基礎づけを失ったこの循環の中では、学問は、それらの知識が社会にどのような影響をもたらすかわからないまま活動を続けることになる。ギデンズは、「モダニティが不安定なのは、理性の循環性だけではなく、そうした理性の循環性の本質が結局のところ解明のむずかしい問題であるからでもある。」（『近代とはいかなる時代か？』68ページ）と述べ、真理と関わりのない知識がたえず生みだされていく点に、学問への不信が生まれていると考える。結果として、学問の成果を用いる社会は、どのように変化するか、どこへ向かうのか、だれにも予想ができなくなっていく（ギデンズは、現代の学問と社会がおかれたこの状況を、だれもコントロールできずに疾走する超大型トラックにたとえている）。

（4）**理性の限界と科学への不信**

　わたしたちが問題としている科学への疑問や不安も、現代の学問がおかれたこうした状況と関係があるのではないか。科学も再帰的に社会に立ち戻りながら展開する。そこで、たとえ真理との関わりがみえなくなったとしても、その科学の活動をだれも止めることはできない。そうすると、科学は社会をゆたかにするとはいえない、という危険な状況が生まれる。こうした状況において、科学の発展は、わたしたちの不安をとりのぞくどころか、より強めてしまうことにもなりかねない。ギデンズも、「モダニティに特徴的なのは、……再帰性が見境なく働くことである。われわれは、おそらく今日、二十世紀末にいたっ

て初めて、こうした見地がいかに人々を心底不安にさせる見解であるかを、本当の意味で理解し始めている」(前掲書56ページ)と述べる。彼の主張から、科学への疑念や不安は根拠のないものではなく、真理を目指す方向性を見失った現代の科学に、敏感に反応したものであると考えることができるのである。

　以上、現代における科学への疑問が、科学それ自体の限界にもとづいていることを指摘する主張を取り上げてきた。科学の正しさは、それ自体に備わっているのではなく、理性によって真の知識を手に入れるという大きな物語に基礎づけられていた。そのため、理性にかならずしもそのような能力があるとは信じられなくなると、科学の主張も絶対的なものではなくなる。また、それでも科学に頼り続けるならば、たとえ人間を幸せにしないとしても、それに気づかないまま効率化や大規模化が徹底され続ける社会になってしまうのである。

第3節　科学の限界が技術の評価におよぼす影響——リスク論を例として

　前節では、科学による説明が、現代においては絶対的な正しさをもつとはいえないこと、また、それは社会にかならずしも望ましい結果をもたらすとはいえないこと、これらについての主張を考えてきた。では、もし、科学に限界があることを認めるとすれば、科学技術に対する判断はどのようなものになるだろうか。たとえば、ある科学技術の使用を「よい」とみなす倫理的判断は、自然の原理を明らかにしコントロールすることを可能とする科学を前提としていた。リオタールやギデンズが指摘するように、この科学の前提が認められず、その正しさが自明でないとすれば、科学技術の評価の方法も変わってくる。そこで、本節では、リスク評価という方法を例に取り上げ、科学の限界が具体的な科学技術の評価にどのような影響を与えるかを考えることにする。

1. リスク評価と倫理
(1) リスク評価とは
まずはじめに、リスク評価について確認しておこう。

現代において技術の安全性を評価する有力な方法として、リスク評価という手法がある。ここでのリスクとは、危険性を数値化したもののことを指す。リスクは、技術の使用によって危険が生じる確率や、その確率に影響の大きさ（事故数、損害額、死亡数など）をかけあわせた数字で表される。このようにして危険性が数値化されると、数値を下げたり、他の技術の数値と比較するといった仕方で、技術の安全性を示すことができる。このリスク評価によって技術の倫理的判断をおこなうとすれば、次のようになる。たとえば、技術の比較においては、数値の低い方が「よい」技術となる。また、危険をはらむ技術にかんしては、その数値を下げていくことが「よい」ことになる。

（2）確率によってとらえられる危険

　ここで注目したいのは、リスク評価において中心的な役割を果たしている、「確率」という概念である。確率とは、その発生が確実には予想できず、それゆえコントロールできないことがらに対して、それをどの程度の割合（確からしさ）で発生するかという仕方でとらえたものである。ある技術が事故を起こす確率は、過去に起きた事故の回数を全使用回数で割った値である。ただ、このような危険の確率のとらえ方に対しては、次のような疑問がおこりうる。つまり、危険の確率は、わたしたちが不安を感じている技術の危険を正しく表現しているか、という疑いである。別の言い方をすれば、確率の大小にもとづくリスク評価は、技術がもたらしうる危険への不安をとりのぞくことができるのか、ということである。確率が低ければ、その技術は安全だといいきれるのだろうか。

2．確率とリスクの関係

　どのような技術も、事故を避けることはできない。ただ、この事実の評価には、ふたつの立場が考えられる。ひとつが、危険をふくむ技術であれば用いるべきでないという立場である。もうひとつは、技術が進歩する可能性や、他の技術とのあいだでの確率を比較したうえで判断すべきであるという立場である。技術を積極的に利用しようとする側は、技術を用いる過程で多少の被害が

生じうるとしても、確率が低いのであれば認められる、あるいは、確率を下げることによって安全な技術を目指せばよいと考えるだろう。他方、その危険性に不安を感じる側では、危険を予測、コントロールできない技術は、たとえ確率が低くても認めるべきではないと考える。

(1) 事故の確率が低いと安全か

　現実には、最初から完全な技術はなく、失敗と改良をくりかえして完成されていく。そのため、前者のような技術の評価は一般的でもあり、リスク評価はここにおいて有効な手段となる。こうした技術理解を支えているのが、自然の原理は機械のように合理的な理解が可能であり、また、人間のために利用することができるという、デカルトやベーコンが主張した近代科学である。こうした自然観が基礎にあることによって、さしあたって正確に予測できない危険であっても、いずれコントロール可能になると想定することができる。つまり、近代科学が、危険の生ずる確率を下げる研究（問題の発見や技術の改良）をおこなうことにより、技術は安全になっていくと主張することができる。

　科学技術が社会の中で大きな位置を占めている現代においては、たとえ大きな被害を引き起こしうる技術であっても、このようなリスク評価によって安全性が判断されることが多い。ただしリスク評価においては、どこまでも、危険の程度のちがいが問題となる。そのため、リスク評価の結果、技術それ自体の是非に目が向けられることはなく、もっぱら技術の改善がおこなわれることになる。したがって、リスク評価によって判断するかぎり、深刻な危険をもつ技術であっても、その是非自体を問うことは容易でない。

(2) リスク評価と大規模な危険

　このことがとくに問題となるのが、めったに発生するわけではないが、いったん起こると取り返しのつかない甚大な被害を及ぼしうる技術の場合である。もういちど確認すれば、リスク評価における確率が意味することは、危険がどのくらいの割合で起こるかということである。しかし、わたしたちが大きな危険をはらむ技術に対してもっている関心は、その被害が起こるか起こらないかであって、割合や程度ではない。確率として表現すれば、0か1かである。と

いうのも、もし、取り返しのつかない被害が起こってしまうと、もはや、その後に事故が起こる確率を出すことには意味がなくなるからである。甚大な被害が起こりうる技術の場合、リスク評価によっていくら確率が低いと判断されたとしても、わたしたちの意識としては、危険な技術にかわりはない。このように、とくに大きな危険をもつ技術については、リスク評価による危険のとらえ方には限界があるといわなければならない。

3. 科学技術の判断におけるリスク評価の限界
（1）リスク評価の落し穴

ここにおいて、リスク評価は、かならずしも科学技術の危険を正確にとらえているとはいえなくなる。リスク評価による科学技術の判断には、科学の成果によって技術が改良されていくという前提がある。だが、科学の限界によりその前提が失われると、リスク評価の数値と技術の危険性を結びつけられなくなる。それでもなお、リスク評価にもとづいて技術を使い続けるならば、それは深刻な危険に手をつけず放置することになる。

このような状況は、まさにリオタールが指摘した「大きな物語」の喪失や、ギデンズのいう「再帰性」と重ねて解釈することができる。現代は、真理を目指す理性のはたらきの結果とはいえないような、科学技術の被害や事故にあふれている。それは、まさに理性の能力の限界である、大きな物語の喪失を意味していると考えられる。また、近代社会は、科学的知識を深めることによって技術を進歩させ、また、技術を進歩させるために知識を深めていくという仕方で発展していった。この関係は、ギデンズが再帰性と呼んだものである。ただし、現代では、理性のはたらきが自明でなくなり、科学が社会をゆたかにするとはいえなくなる。その結果として、科学は技術のために、技術は科学のために活動する循環運動だけが残る。そして、社会はどこに向かうかだれもわからないまま展開していくことになる。

（2）科学の限界によるリスクの意味の変化

現代のリスク評価がおかれた状況が上のようなものであるとすると、科学技

術の評価の仕方も変わってくる。リスク評価において、技術が引き起こす危険は確率によってとらえられた。しかし、その前提となる科学の成果に限界があるとすると、技術が引き起こす危険を正確に示すことは容易でなくなる。その場合、リスク評価とはべつの視点として、技術の危険そのものに着目することも必要となってくる。この点にしたがえば、たとえ確率的には低いものであっても、危険を受け入れられない技術であれば用いるべきではない、という判断も考慮すべきことになる。

　もちろん、リスク評価がふさわしい技術もあり、現代でも有力な尺度であることにはちがいない。問題は、これまで、あらゆる技術評価をリスク評価によっておこなってきた点にある。それがふさわしいのは、科学の成果によって改良されていく技術である。この条件にあてはまらない技術にかんしては、リスク評価という方法はそぐわない。とくに、生じる回数は少ないが一旦起こると甚大な被害を引き起こしうる技術について、リスク評価では、危険が低いと判定されてしまうため、かえって問題の本質がみえなくなってしまう。そうした技術について問われるべきなのは、危険の確率ではなく、技術そのものの是非である。それでもリスク評価にとどまるかぎり、技術自体を問う視点はいつまでたっても持つことができない。このように、科学の限界を認めるならば、リスク評価だけでは正しく技術を評価できないことになるのである。

おわりに

　本章では、科学技術を評価する場合、議論の分かれ目となる科学の正当性について検討してきた。現代でも科学の説明を自明のものとする強力な立場があり、それにしたがって科学技術への不信が根拠のないものとみなされることがある。しかし、自然が機械と同様の秩序だった原理をもち、それを人間の活動に応用するという科学の役割は絶対的なものではなく、デカルトやベーコンがそれ以前の自然観を否定して主張したものであった。このように、近代科学がある時代において現れてきたものであるならば、すくなくともあらゆる時代に

通用していたわけではない、つまり、絶対的に正しいわけではないことになる。それゆえ、そうした科学の立場を認めるにしても、それが妥当しない場合もありうるということを頭においておく必要がある。

　つぎに、実際にそのような科学の限界を指摘した主張も紹介した。リオタールは、理性によって真理が明らかになるという「大きな物語」に支えられた科学の活動が、現代ではその支えを失っていると指摘した。また、ギデンズは、たえず社会へと立ち返りながら展開する科学が、もはやそれだけでは真理を実現する力をもたないために、現代社会は進むべき方向を見いだせないまま展開する状況にあることを指摘した。

　そして、最後に、この科学の自明の正しさの喪失は、科学技術の具体的な評価の場面でどのような影響をもたらすか、リスク評価を例に考えた。以上の検討の結果をふまえるならば、科学やその成果である科学技術に対して疑問や不安をもつことは、かならずしも理由のないことではないことになる。

　現代において、科学技術の倫理的評価をめぐる議論がむずかしくなっている理由として、このように科学の正しさが自明性を失っていることがあると考えられる。自明性の喪失は、危険をはらむ技術のとらえ方のちがいを生みだす。科学を前提すると、技術の仕組みを解明し、危険の程度をすこしずつ減らしていくことが目指される。しかし、とくに取り返しのつかない大きな被害を引き起こすかもしれない技術に対しては、科学によってそのようにコントロールできるという前提を受け入れることができなくなり、危険な技術を用いるべきではないという主張が出てくる。科学を前提とするかどうかで、一方は技術を維持したうえでその改善を問題にし、他方は技術そのものを問うというちがいが現れる。ここでは、おのおの目指すところが異なっているために、両者のあいだで議論を成り立たせることは簡単ではない。

　では、科学の正しさが自明ではなくなった状況において、どのように科学技術の安全性を評価すればよいだろうか。現代では、科学がかならずしも技術を把握しコントロールしているわけではなく、技術がいつ危険を引き起こすかわからない場合があることを認めざるをえない。そこで本論では、危険をはらむ

技術を受け入れるかどうかという基準を提示したい。

　この観点にしたがうと、技術による危険に関しては、確率の大小ではなく、それが生じるかどうかに焦点が当てられることになる。ドイツの哲学者ベック（U.Beck,1945-）も「そこで、危険の存在自体を信じることが必要となる。危険そのものは数値や数式の形では、身をもって感じることはできないからである。……いかに技術的な体裁をとっても、問題は、遅かれ早かれ、危険を受け入れるか否かということになる。そして、どのように生きたいのか、という古くて新しいテーマが浮上してくる」（『危険社会』38 ページ）とのべるように、結局それは、どのような危険なら認められるか、どのような技術を用いた社会を選択するかという問いとなる。このように、どういった生き方を選択するかという問いこそ、科学の正しさを前提する者にもしない者にも共通した、科学技術の問題を議論する基準となるのではないか。

　こうした議論の枠組みを受け入れる第一歩として、まずはこれまでもち続けられてきた科学の自明さに縛られることなく、正しく不安を感じとることが大切となる。また、科学技術の評価を専門家に任せることなく、社会に関わるわたしたち全員で考えるための、コミュニケーションの場をもつことも重要になるだろう。

（馬場　智理）

【引用・参考文献】
デカルト『方法序説』（世界の名著 22）、中央公論社、1967 年
ベーコン『学問の進歩、ノヴム・オルガヌム、ニュー・アトランチス』（世界の大思想 8）、河出書房新社、1973 年
リオタール『ポストモダンの条件』、水声社、1986 年
ギデンズ『近代とはいかなる時代か？』、而立書房、1993 年
ベック『危険社会』、法政大学出版局、1998 年

コラム：確率と偶然

　科学技術の危険もそうだが、現代では、突然に生じる偶然の出来事を「確率」としてとらえる場合がよくある。事故が起こる確率であれ、宝くじが当たる確率であれ、明日雨が降る確率であれ、そのままだと偶然でしかない出来事が、確率という数字によって表される。たしかに、偶然を確率によってとらえると、出来事を予測したりコントロールすることができるように思われる。だが、確率は本当に偶然の出来事の特徴をとらえているといえるだろうか？

　こうした疑問は、とくに個人的な問題の場合に現れる。たとえば、偶然の問題を研究した哲学者である九鬼周造は、偶然に対する確率論の限界を次のように指摘している。「確率の先驗性、經驗性のいづれに拘らず、蓋然法則は謂はゆる巨視的地平に於て成立するので、微視的地平において各々の場合にどの目が出るかといふ偶然的可變性は依然として嚴存してゐるのである。しかも偶然の偶然たる所以はまさに微視的なる細目の動きに存してゐる。その點に、偶然性の問題の哲學的提出に對する確率論の根源的無力があるのである。」（九鬼周造全集第3巻、岩波書店、139頁。）

　彼は、偶然の出来事が問題となるのは、微視的、つまり、わたしたちの個人的な関心においてであるという。たとえば、日本人がどのくらいガンになるかは、一般的（巨視）な問題なのだから、確率の数値が意味をもつ。しかし、自分がガンになるかどうかという出来事の場合、そこで知りたいのは、他のだれでもなくこの私がなぜガンになるのかということである。そこでは、一般にガンにかかる確率を知ったからといって、疑問が解けるわけではない。

　このように、偶然の出来事への問いは、一般的な視点と個人的な視点では関心のポイントが異なっている。確率による説明が有効なのは一般的な関心としての偶然に対してであって、個人的な問いにはなじまない。時にこのことが混同される場合があるが、偶然を確率においてとらえようとする際には、このような確率の限界をよく知っておく必要があるだろう。

10 知覚の変容と私たちの文化

在ることへの問い

　現代のわれわれの生活が置かれている世界はどこまでも技術構成的な環境であるが、そこに生きる人間に、今や単に「人間とは何か」という問いではなく、むしろ「人間とは誰か」という不気味な哲学的問いが投げかけられたりもしてきた。たしかに、そうした技術の環境世界が創出する巨大なカプセルに包まれるしかない人間としては、積極的にその仮想的な現実に身を置く、あるいはその現実に対して否定的であるが容認するしかないと思考を断念する人もあるかもしれない。しかし、少なくとも、われわれの日常的な生の基礎にある知覚の変容に素朴に問いかけ、その問いを思想的な観点から新たに読みかえてみることの意義はつねに持続させる必要がありそうである。むろん本章は、単にその試みのひとつにすぎないが、われわれの足下でいったい何が起きているかに関心があり、その事象に一定の批判的意識をもっている人には、ひとつの思索の手がかりになるであろう。

　「幻影の正体を発見することは、世界の問題を解決することにはならないだろう。しかし、もしそれを発見しないならば、われわれの真の問題が何であるかは、決して発見できないだろう。(中略) それは靄を取り除き、われわれが人類のすべてとわかち合っているこの世界を正視することを、可能にするだろう。」[1]

第1節　間　と　対

　人と人の関係の存在的な構造を考えようとすると、われわれに許される手続きには二つの道があるように見える。一つは、「間」という見方においてであり、もう一つは、「対」という見方においてである。一般に「鳥瞰図法 a bird eye view」と「対峙図法 dialogue/facing each other」という二つの視点である。

　記録写真を撮る際のカメラマンのひとつの目線がある。地平線を見晴らす目線とでも言えようか、上空から漂いながら景観を一望するような視線である。いわゆる鳥の目線で世界を捉えようとする鳥瞰図法という方法である。科学・技術に基づくこの手法がわれわれの社会的人間関係を広く支配している。

　また「あいつはいやなやつだ、だからつきあいたくない」と思う。また「あいつはいやなやつだが、少し見方を変えれば、あの手にも結構いいところがあるから、許せる」とも言う。そう考えるのは、私であって、他の誰でもない。同じ事態は相手にも生じ、いずれも私と他者との間の対面・対峙的な次元の関係をさす。

　たとえばケータイ（電話・スマホ等々の総称）が支配的な社会的風景を想定してみる。ケータイという機器が人間関係を根底から変えたという事態を想定する場合、そこでは、端的にケータイが人と人の関係を限りなく間接化する技術だという点である。直接的対話の常態的生活から、19世紀以後電話の技術が生まれ、発展を持続させてきた成果である。ケータイの「いつでも、どこでも」という宣伝用のキャッチフレーズは、家の片隅に固定されてあったコード付電話が支配的であった時代をすっかり忘れさせている。もはや、ここという場の固定化を保証してきたコードに身をゆだねる時代ではない。少なくともケータイに象徴される社会生活における人間関係それ自体が場の固定からそれの浮遊へという大きな質的変容を生みつつ、同時に相互に関係のより深い間接化の度合いを深化させる構造へと転換している。

　そうしたワイアレスな時代を生きるわれわれ個々の目線も相互にどんどん変わりつつある。近代化に不可欠な個人主義化（自由）の方向と、それにもかかわらず個人間をコミュニケーション化に定位するためには、人間関係における近接化と遠隔化のテクノロジーをケータイの歴史的な意義は担っているのかもしれない。そこにはコミュニケーション技術とともに、人間関係の遠近の知覚も大きく変わりつつあることが明確である。遠目と近目が混濁する現象。遠く

に目線が伸びる分だけ、人の気配すら感知しない人間群が生まれる。技術が人間の感覚を襲い、その関係を侵害する。古人の方がよほど遠近感を心身で見抜いていたともいえる。「遠くて近きもの、極楽、舟の道、男女の仲」[2]そして「近くて遠きは、田舎の道」ということわざがある。そこには遠みが注視され、近みが忘却される構造が隠されている。

　あるいは対面的に会話で済むような近さにあっても、かえって遠みにあると仮想させることも可能になる。鳥のように電波が空中を漂うとすれば、われわれの意識が向かう目線の先もまた、それに伴って空中を漂うことになっていく。ケータイを使用開始するそのつど、その端緒から「いまどこ？」という問いかけが始まり、同じことが関係の相互に生じるのが日常である。虚空を見つめるような目つきをしながら、あるいは相互に隠れん坊を演じるように生きる。仮面舞踏会でマスク（ペルソナ・役割）を付けながらダンスに興じる。ゲームとして相手の現在の居場所をあえて問おうとしないこと、関係それ自体が空中を浮遊しながら、相互に居場所を問わないことを儀礼的関係として保証する。直接的体面や対峙をむしろ恐れる人間模様。

　二つの顔、仮面と素顔の差異を文化として利用し始めたのは、西欧の歴史からすれば19世紀である。おそらく産業革命とともに文化の許容範囲が大きく拡張したことによる。近代文学が大きく大衆化とともに広がったことも関係しているはずである。「仮面」と「素顔」の関係がロマン主義という機運を生み出すもとになったのも、その形式が明確に小説・文学の形式として利用され始めたことと密な関係があるはずである。そこでは推理小説も生まれ、ゲームとしての感覚が最大限応用され、大衆社会の遊び感覚とそれは合致したであろう。文化は虚構であると同時に現実であるところに面白みがある。しかしそれが現実そのものになるとき、いったいどういう現象が社会に生じることになるであろうか？今一度考える価値がある。E・レヴィナス（E.Levinas 1906-1995）の思想とともに、「仮面」ではなく、「素顔」としての「顔」が今また深刻に注目され始めている。

　ある一つの術語がある時代のなかで注目され始めるということ、それはすで

にその術語をとりまく現実の周辺でその術語のもつ意義が危ういということかもしれない。ここでは、人間の「顔」がもはや消え始めているということを暗示する。あるいは「顔」が問題になる時代は、人間のコンセプトがそれ自体で危急存亡を迎えているということではなかろうか？　美顔術や美白という顔をめぐる化粧技術が幅をきかせる時代に、とりわけそのように見える。

　インターネット社会の構造がまさにそうであるように、個人と個人の関係の全体化がおのずと拡大化されていく。そこでは新たな個人と全体の人工的構造化が、以前にもまして強化されていくようにもみえる。またそうした現象の反動として、自−他の対峙的な関係原理がやせ細り、それだからこそまた強く希求されるような足跡も見いだされる。そうした構造のなかでは、もう一方で、他者そのものが見えなくなるという現象と自己としての個別的存在が見えなくなるような現象が、相即的かつ交錯的に生じてしまう。「最悪の疎外は他者によって自己が奪われるのではなく、他者を奪われることなのだ。」[3]　喪失される自己と喪失される他者という現象はそれ自体、相即して生じる問題局面である。その意味では、鳥の目線からする鷲掴みの管理社会を際限なく発展させるイデオロギーと新たに我−汝あるいは自己−他者が構成する対峙的な思想との乖離といった事柄が問われてきた。

　さらにまた、ケータイに象徴されている世界、それは同時に「どこ」という場所性が確実に消滅していく世界でもある。限りなく「ここと今」という感覚を消すことによって成り立っている世界である。すでに「ウ・トポス（無場所：心ここにあらず）：ユートピア」になっている。問題は、「ここと今」の実感がたえず消去されていく世界、固定化を避けるという支配的感覚である。文字言語（メール）が鳥のように宇宙空間を飛び交うように、人間的目線もまたそうなっている。

　今や人と人との「間柄」はケータイという機器の遠隔装置に全面的に吸収されてしまったのかもしれない。それは近代的個人の生活の合理性がもたらした帰結であり、合理性というものの正真正銘の正体といえるかもしれない。間柄の合理的関係をさらに深化発展させようとすると言葉のスキルを磨くしかな

い。それは対話という内実を決して形成することはなく、そこでは言葉の技術化しか相乗的に生まれない。むしろ直接的言葉をもはや必要としていないかにさえ見える。

　他方で、電車のなかで背を丸くしながらケータイを間近に「睨みつける」あるいは「見据える」かのようなまなざしをしている人、またメールに耽りながら喜怒哀楽の表情を湛える人、いずれも今日ごくありふれた光景である。「嵌る」がどこまでもパソコンにふさわしい言葉だといえたのも、状況が孤立した部屋での営みだからである。それに対してケータイを見つめる光景は、そのほとんどがパソコンの孤立した空間がそのまま公共の場にせり出している姿である。おそらく個室にあるとき以上に、個人が集合する場所ほど相互に類似性が強く働くのであろう。個人と他人の間に、近接化と差異化の同時性が生じるが、それはラッシュ時に新聞にしがみついていた時代とほとんど相似形である。脇目もふらず同じ日常的空間のなかでひたすら静かにケータイに「耽る」人々、と同時に、そこにも「ここと今」から離れたい焦燥に駆られた人々の群れがある。

　まさに現代は、人間が世界のどの地点にいても、世界のなかの私を効率的に消失する時代である。逆に私自身によって像化された世界のなかでしか居場所がない人間、それが現代の人間の姿である。周りにいる人間は自分にとって可能なかぎり無関係な人間であってほしいし、またそうであって初めて私の位相が定まる。「ここと今」はどこまでも空間の中性的な一点でしかない。おそらく無意識的にそうした状況に対する反動もまた計り知れないものがある。私たち一人ひとりがおかれている「状況的存在」の位相が喪失していくからであろう。「メル友」の数の多さが友人不在の不安を解消するという悲惨な現象を生むこともある。あるいはケータイの存在それ自体が脅威になり、道具が他者にも変じる。ケータイがないと不安だ、ケータイがあると怖いという事態がいつでも生じる。そのいずれもが現代の感覚的表現であり、まさに現代のジレンマであると同時に、人間をカプセル状に包んでいる現代技術社会の実相である。

　「鳥瞰図法」を近代自然科学の視界と同定させ、身体を実存の基礎とするこ

とに覚醒と警鐘を促してやまないメルロ・ポンティー（M.Merleau-Ponty 1908-1961）の鋭い指摘を引用しておきたい。

> 「科学の思考——上空飛行的思考、対象一般の思考——は、それに先立つ〈そこにある〉ということのうちに、つまり、われわれの生活の中で、われわれの身体にとってあるがままの感覚的世界や人工的世界の風景のうちに、またそうした世界の土壌の上に、連れ戻さなくてはならないのだ。もっとも、ここで身体といっても、それは情報機械だといっても差し支えないような〈可能的身体〉のことではなく、私が〈私の身体〉と呼ぶ現実の身体、私が話したり行為したりする際にいつも黙って立ち会っている見張り番のようなこの身体のことである。そして、この私の身体とともに、多くの共同体、つまり〈他人〉もまた蘇ってくるに違いない。」[4]

第2節 ケータイのもつ二つの機能

1. 言語の2面

ケータイは、言語的機能からすれば、二つの機能性をもっている点で、先端的意義をもっている。一つは電話としての「会話・話し言葉（スピーチ speaking）」の機能性であり、他方ではメールとしての「書き言葉・文字言語（ライティング writing）の機能性として知られてきた。経験的にもわかるように、前者は肉声からマイクや録音装置の技術史的発達のうちに、後者は、手書きから印刷術、電子書籍の歴史にみられるように、言語の近代における技術史的発達を足跡としている。

声の文化は、詩や音楽など多くの遺産を湛えており、人類の発生とほとんど踵を接していると同時に、今もなおわれわれの言語機能として不可欠である。しかし言語それ自体の使用範囲からすれば、近代的な社会生活自体が声の領域を制約した、ないしは分別してきたという大きな特徴があることも私たちは知っている。それというのも、近代的な社会制度が整備・確立されれば、個人的な自由の社会的規制の必要性が生まれ、当然ながら声の発生を許す場を制約する傾向が避けられなくなってくるからである。建物の気密性の強化や防音壁装

置の徹底化がほとんど完璧なまでに整えられているのが現代の実情である。
　しかし、すでに声にはそうした社会的制約が多いこともあって、その意味でいえば書くという営みは制約がなくなっているのが現状である。一般的にも、声が文字に変化し、手書きが印刷書籍へ、印刷書籍が電子書籍へと歴史的に変化してきたという方向が言語文化史からみても説得力をもつように、知識の蓄積として正確で効率的だとされてきたのは、確実に書き言葉（文字言語）である。それゆえ、合理性を求めてやまない現代的生き方からすれば、書き言葉は話し言葉に対して優位せざるをえず、電話よりむしろメールへとシフトするケータイの動向は必然となる。そこでは、むろん伝達の効率や経済的原則も働くであろうが、事象の正確さを伝えるメールが圧倒的に優位を占めてきたことを確認することができる。
　また何よりも電話は時間の即時性を要求するというのが基本であり、電話の時間帯は相手を拘束するという制約も付きまとう。録音装置（たとえば留守電）はそのような制約を一定程度解消するであろうが、その場合でも相手による情報の取得の時間的な保証を必ずしも果たしてくれない。むしろメールは、そうした懸念をかなり解消する。まさにメールの利点、つまり意思伝達上の文字化という手段こそがそのことを解消してくれる。未来時に相手がそれに気づいてくれることに委ねるというあり方は、まさに文字言語特有の時間克服の便利さを保証する。もともと文字は時間差を超える特徴、いわゆる「差延」を克服する唯一の手段だからであり、歴史的文書の保存性も声の力量とは対照をなす。
　いずれにせよ、文字言語は会話言語を凌駕する技術史における必然的運命をもっていたこともよく知られている。「グーテンベルクの印刷術が世界を満たしはじめてから、人間の声は閉じられてしまった。人々は黙読をしはじめ、活字の受動的な消費者となった。」[5]印刷技術が残した歴史的な功績は何よりも言語の記号化という現象にこそあるが、そこでは記号の表示という社会的現象を拡張し、当然のように視覚によるリテラシーの役割を特段に高めた。
　それに反して声や音の文化は、人間社会のなかで果たす格別の意義において

それらの存在の根拠になってきた。というのも、それらが人間におけるコミュニケーションのすぐれて実存的で内面的な領域を、あるいは語の正確な意味で人間存在の身体的な領域を確実に刺激するからである[6]。しかし言語をどこまでも記号と捉え、日常的にもそれに習熟するあまり、実存的かつ身体的な関係の存在の実態そのものに対しては何ら疑念をもたない現代的な生活世界は、感覚や経験のすべてをそのつど視覚の周辺に集約させていることさえもほとんど忘却しているといえる。文字言語を中心とする映像メディア（媒体）に圧倒的に浸りきっている日常のなかで、声の文化の極限化とそれによる言語様式の圧倒的な変容が問われている。その意味でも、技術世界のなかで埋もれてしまっている、あるいは埋もれそうな知覚の層を探りだし、それによってわれわれが置かれている生活を還元し、思考しなおす作業が不可欠であるともいえる。事実そうしたことは誰もが無意識に行ってもいるのであるが、またそうでないと現実的に生活すらできないような技術世界が取り囲んでいるからである。

2. 5つの感覚

ところでそうした現代の生活のなかで最も中核をなしているのは視覚であり、それは視覚がわれわれの五感のなかで最も知的な働きをするという特徴によるといってよい。周知のように、五感が視覚、聴覚、嗅覚、味覚、触覚の順位で並べることができるが、それぞれの知覚を作用させる各器官は、身体における頭部から胴体へ、つまり眼、耳、鼻、口、手という順位にしたがって、上位から下位にかけての部位に相応して位置づけられていることを示している。またその順位は、そのまま人類の発達史と相即しているともいえそうである。その上位から下位に至るほど比重が多くなるピラミッド型の形態が労働の比重をなしていたと想定できる。その意味では、身体的な知覚の重点の場所も、歴史的発達の順としては下部から上部へと次第に移動してきたといえる。人類の労働形態の歩みにしたがって、古代から中世へ、さらに近代から現代へといった経過からすれば、労働を介した外界の知覚の位相も足から手へ、さらには胴体から頭部へと重点を移してきた足跡が想像される。労働形態の変化ととも

に、過酷な下肢的な重労働的な形態からの漸次的な解放史であるともいえようし、今や現代の知覚の構図は逆ピラミッド型に大きく変形していると結論することができる。それゆえ人間一般の全体的な労働の総量はほぼ同じだとした場合、まさに古代人とわれわれとは知覚形態においても五感の順位は逆向きであることになろう。つまり手足を労働の中心においた古代ほど、触覚による質と量が大きく、その分だけ視覚の量が少ない。しかし逆に現代は、その関係が逆転して、触覚の質と量が小さくなり、その分だけ視覚の働きが増大していると指摘することが可能となる。

3. 3K

社会の近代化とともに、いわゆる「きつい」「汚い」「危険」の各頭文字からなる3Kという語が、ホワイト・カラーとブルー・カラーという産業社会における職分の違いを完全に消してしまった。英語圏での3D（下品、汚い、危険）から造語されたこの3Kが流行した後、時代の新たな風景は技術の進展とともに次第に「かるい、きれいな、安全な」世界になったということになるであろう。しかしその後、その用語自体が消えてしまったことが、何よりも知覚の逆転が生起していることを裏づけている。しかしそれによって歴史が喪失してきたもの、それは何であろうか。

簡潔にいえば、3Kという語の使用範囲が知覚の最下層におかれてきた触覚に位置づけされるが、知覚のこの部位が着実に歴史的に消失して、逆に視覚の部位が圧倒的な優位を獲得するというのがわれわれの現実である。両者が価値的にも逆転の構図を生み出しているともいえる。しかし端的にいえば、それによって触感あるいは触覚の部位がわれわれの身体的知覚から消えたわけではないということを改めて確認しておく必要がある。むしろ知覚の構造が逆転したことでかえってこの領域の問題が浮上し始めているのだという点である。

4. 視覚の優位

視覚への一元化の社会的現象が強度を増すと、かえって触覚が無意識的に働

き始めるという知覚の皮肉が生じることになる。心理学的にも赤面恐怖症が社会現象として劇的に減少したと指摘されてきた。以上の知覚の歴史的変容からしても、おそらくそうした現実を指摘することは可能であろう。視覚の一元化の傾向が、とりわけ人間間の社会的な見る-見られる関係を根底から変え始めているからだという経験的推察を許すからである。視覚技術の拡張はわれわれを社会的にも拡張すると同時に、見る-見られる構造を確実に強化するからである。しかしそれによって内的な羞恥心も消えたと判断するのはあまりに早計であろう。われわれが対他的にたえず触感や触覚を働かせていることを忘れてはならないであろう。視覚といえども触覚と一体に羞恥心は作用する。というのも知覚の構造はアリストテレス（Aristotelēs 前 384-322）以来、「共通感覚」のもとに五感が連動していることがここで指摘されてよい。

　視覚が一元化するような歴史のなかで、「百聞は一見にしかず」ということわざは語の意義を失ってきている。元来教育的な格言であったはずのその意味をほとんど必要と感じさせないほどにまで、世界はすでに映像化によって対象化されている。記号化された文字文化と比べて、声や音を他者との関係において着実に捉えてきた文化が脇へ退けられ、文字と声との言語の二つのあり方をゆがめている。同じ視覚によるリテラシーがメール社会を無制限に拡張するのは、近代に固有の個人主義の出現と相関関係をなしている。しかしすでに述べたように、知覚は出現と喪失の相関性で成り立っていることも忘れてはならないであろう。歴史のなかで、新しい知覚の層と古い知覚の層とは「地位の交換」（trade off）[7] やそれら知覚層の総合性や多様性を喪失しそうになっているが、それがたとえ技術の歴史の必然性ではあっても、歴史の真理から離れていくようにみえる。

第3節　技術の存在のありか

　ここであらためて技術とわれわれとの日常的関係の様相を振り返っておきたい。

現代が技術の時代であることを疑う人はない。では人間にとって技術とは何か？また現代のわれわれは、技術の世界との関係をどのように生きているか？歴史的にこれらの問いは、科学や技術といった理系の領域だけではなく、哲学や倫理などを含む思想といった文系の領域においても多様な仕方で問われてきた。以下、技術世界について広く現代の社会的・文化的観点から考えてみたい。

1. 技術の中立論と非中立論

　技術という世界は中立であるのか、あるいは非中立なのかという議論がなされてきた。たとえば武器という道具は、それ自体で善でも悪でもない、その価値を決定するのは、それの用い方次第である、としよう。すでにそこに顕著であるように、道具は一般に用い方次第であるという道具中立論的な認識がわれわれに無意識に存在する。しかしわれわれの知っている現実は本当にそうなのだろうか。

　この技術中立論の問題を考えようとすると、よく引き合いに出されるのがM・マクルーハン（M.McLuhan 1911-1980）の「メディアはメッセージである」[8]という著名な言葉である。そこで意味されているのは、メディア（技術・媒体）という技術それ自体が社会全体を変える力、つまり価値的に行動をぬりかえるという端的な事実（メッセージ）である。メディアそれ自体がわれわれに新たな価値意識をもつように駆り立て、それによって非中立的であることを人間に強いることを意味する。

　「もし技術を使い方次第の何か中立的なものだとみなすならば、その時こそ逆に私たちは最も忌まわしく技術に身を売り渡されているのである。というのも、とりわけほとんど信仰に近いこの観念、それがわれわれを完全に技術の本性に対して盲目にしているからである。」[9]

　たとえば道具が一般に中立か非中立かを考えるためには、日常われわれが営むさまざまな道具使用の光景を少しでも思い起こせばよい。そこでは、より良

いないしはより便利だという思いが常時つきまとっていること、より良い道具ほど使いやすく便利（コンビニエンス）だということが前提になっていることがわかる。どんな道具も、それを使用して初めてそれとして生きてくる。また道具が人間と世界との間に挿入されることによって、世界経験それ自体が変化することもまた真理であり、そのことが世界との知覚的関係が変容するということもできる。では知覚の変容とは具体的にどのような事態をさすのであろうか。

人間と技術の関係に対しては、従来より現象学的アプローチがなされてきた。いわゆる人間的なノエシス（志向的かつ経験的内実）と客体的なノエマ（経験された事象）の相関的な関係で説明されることが多い。図式的には、主観的な「自我」極と客観的な対象としての「世界」極との関係を場として考えることも可能である。それは、端的にわれわれ人間が世界を経験するときの関係構図を意味するが、その関係には、そのつど対象としての世界に対して能動的に作用する志向性と当の対象から受ける「反射」としての反作用が生じざるをえないことからもわかる。

2. 媒体（メディア）

そこではすでに、人間それ自体とか世界それ自体という両者の関係の中立的表現が許されないことが前提である。今その両者の直接的関係に、第三者としての「媒介物・媒体 medium：media」を介在させて考えると、それが道具としての機能性を意味することになる。メルロ・ポンティーが「身体の空間性や運動性」（『知覚の現象学』第一部「身体」のⅢ参照）を説明するときに用いた「媒体」の事例が「盲人の杖」であったことはよく知られている。その場合に重要なのは、杖それ自体を使用する人にとってその媒体の存否は、それの性能の度合いに比例するということである。媒体としての杖は、その存在感を「退行させる」ほど優れた杖だということになる。

現象学的には、このような身体現象を説明するメルロ・ポンティーに決定的な影響を与えているのは、おそらくM・ハイデガー（M.Heidegger 1889-1975）の

次のような言葉である。「さしあたって道具的なものにとって特有なことは、まさにそれが本来的に道具的であるためにこそ、おのれの道具的存在性のうちでいわばおのれを奪取する（おのれの身を退かせる）ことである。」（『存在と時間』第15節）

　媒体としての道具は、使用者の手許にありつつそれ自体が「退行」ないしは「消滅」していることが最適なあり方だという原則である。しかもその原則はあらゆる媒体、道具に関して妥当するという点をここで確認しておく必要がある。

　以上のように道具経験はそれ自体が「退行する」が、他方ではたとえ「退行する」とはいえ、道具を媒介とすることで、それ自体は視界からは消えながらも、そのもつ感触という先述したもう一方の〈反射〉がわれわれの身体のなかに明確に残存する。この「反射」は確実にわれわれの身体の実存的層に蓄積している。まさにこれが道具経験一般の経験的特徴でもあるわれわれの「知覚の変容」の根源に潜んでいる注目すべき側面である。それとともに「反射」やそれにともなう感覚の「変容」した領野もそれ自体、まさに時間とともに削ぎ落とされていくのである。というのも、道具から技術へと連なる媒体の変遷もまさに感触の変容と一体なのであるが、しかし媒体それ自体が退行しながらも感触は一次的に私の手前で取り残されつつ、それもまた時間とともにそのつど忘却されていく運命にあるからである。

　道具や技術はそれ自体が媒体の精巧さとともに、いわゆる技術それ自体の発展的テロス（目的）を、すなわち媒体のもつ機能性の歴史的発展を目的とする宿命を帯びているが、その意味は媒体の存在感が薄いないしは軽いほど、その道具が良質であり、優れているという標準価値を生むように発展してきたことを意味する。「必要は発明の母である」の本来の意味がそこにある。技術の進歩とともに媒体そのものの存在感が消滅し、「反射」としてのある種の感触の変容だけがそのつど経験されることになる。

　しかしその「反射」はつねに「隠れてしまう」のが常態であり、そのかぎりで「背景」や「空き地」へ追いやられる。つまり「背景」「空き地」は「見え

ないもの」であるが、むしろそこにこそ技術のもつ重大な問題があるのだと考えておく必要がある。技術は進歩するが、そこで言う進歩は技術における世界と人間との関係における道具（あるいは技術）の〈退行〉の度合いと深い関係があると表現することができる。つまり技術の進歩とは、技術それ自体の存在感を感知させる度合いが低ければ低いほど、その技術が効率的ですぐれているということを意味している。しかし反面で、人間という存在はその分だけ無意識的に、そのもっとも深い部分で知覚上の変容を受けることになる。

3. 技術への問い

ハイデガーの技術哲学の根本的な問題がそこにある。つまり技術にとってもっとも危機的なのは、世界に存在する技術装置それ自体ではなく、その技術が人間をその深部で変容させてしまうことにある。しかしその人間を変容させる事象それ自体を捉えようとしても、決してそれは「見えるもの」ではなく、むしろ「見えないもの」でしかないのである。それゆえ、われわれを取り囲んでいる世界のもろもろの「存在者」の問題との絶対的区別において、「無」という「存在」の問題だと彼が主張したことになる。むしろ人間にとって「見えるもの」としての存在者だけを世界であると主張し、それによって「見えないもの」を「隠れたもの」、「背景」、そのかぎりで「無」でしかないものへと押しやっていくようなテクノロジーのシステムの総体（「立て組」：Ge-stell[10]）こそが技術の本質だということになる。

技術に関するそのようなハイデガーの思想は、それの初期段階から彼自身を襲った実存的な問題意識と重なっている。またそれは彼の形而上学批判のなかにも鮮明にされている内実である。彼の「技術の本質」への問いは、「在るものが在ってなぜ無いものが無いのか」という形而上学的な問いに由来する存在と無の関係への問いでもあった。しかしハイデガー自身はその問いを伝統的な西欧の神学における神の存在の論証に用いたわけではなく、初期から人間の実存的な「不安の無の夜の明るさ」からの根本的な問いとして用いた。すなわち「無という存在」の論証、つまり「無こそが真に存在に属する」[11]ということ

をめぐっており、それゆえまたこの課題が後期の技術論の位置づけにもなっていることに注目すべき点がある。

第4節　ネガがポジ化する文化

　ここでようやく本章冒頭の引用文に立ち返っておきたい。現代技術論ではほとんど忘れられているが、その草創期の思想家として著名なD.J. ブーアスティン（D.J.Boorstin 1914-2004）の文を引用したのは、引用文が特に現代のわれわれをも襲っている視覚メディアが生み出す諸現象、すなわち世界の「イメージ化」の問題をよく捉えているからである。そこで指摘されている「イメージの時代」が、世界において可視化できないものはないとする技術のもつヒュブリス（傲慢さ）への疑念が端的に提示されている。あらゆるものを「イメージ」化する「可視化」の時代とは、同時に「ネガ」という側面それ自体を決して許してはおかない世界の無制限な拡大を意味する。その方向は、可能なかぎり無を容認しない、たえずそれを存在者へと転換する文化の趨勢でもある。

　同じような指摘は、メルロ・ポンティーによっても、「見えるもの」の世界に慣れ親しんでいる生活のなかで、「見えないもの」の世界は単なる無としてしか感知されなくなっていく危機意識として提起されている。「なぜ世界についての或る知覚のみがあって、いかなる知覚も存在しないのではないのか？」[12]という逆説的な言い方でなされる思想的な内実、それはひたすら実証主義への鋭い批判でもある。映像文化が世界に浸透することによって、それがわれわれ人間の視覚へと還元され、この還元された視覚が世界に対して再度、今度はおのれに見合った世界を要求するようになるという再帰的な現象がここに顕著になる。そこでは人間の知覚を通じて、技術が相乗的に文化現象を限りなく塗り替えていくという極めて今日的様相が開ける。

1.　ゼロと1

　よくコンピュータはゼロと1との組み合わせによる技術だといわれるが、そ

れはゼロか1しかない分類法で成り立っていること、あるいはゼロでなければ1だという論理学的にいえば選言的にゼロないしは（でなければ）1でしかないという論理で構成されている。選言的という論理学的な言い方にも二通りあって、「あれか・これか」の選択を迫る緊張が求められている場合には、それ自体は人間の実存的な生き方に関する事柄になる。人生のそのつどの岐路に立って決断する場合がそうだと思えばよい。むしろ機械的運動は、あれでなければこれという、いずれか一方に振り分けられるしかない。事象がそのいずれかに振り分けされ、両者における矛盾的緊張関係は度外視される。それだけに、たとえば身体における体温と比べて、クーラー機器の温度装置のように微妙な温度差の調整には融通性がきかないという事例でも指摘されてきた。むろん技術もきわめて精巧になって、今やすっかりそうした限界もクリアーし、人間的身体に融合しているかにみえる。しかし基本的に身体や生命の運動とは異なって、機器はまさに機械的であるのが現実である。むしろそれらの関係はすでに逆転してしまっているかにさえ見える。技術の論理を人間の方が身体的かつ再帰的に学習することで、次いでそれが技術化された文化を再生産していくことになる。

　そこには、矛盾している者（物）同士を矛盾的関係において理解することを許さないという見方が成り立っていることが読み取れる。古くから哲学の分野に登場する論理学的表現でいえば、同一律（A＝A）とともに発見された矛盾律（A≠非A）は、それ自体が「否定の否定」を意味するものであり、否定という契機を人間の思考にもたらす、というきわめて重要な歴史的発見でもあることはよく知られてきた。それは、矛盾をそれ自体として抱えながらも、そのつどを生きているわれわれの人間的で実存的な現実の様態を的確に反映している。それは決して非日常的な事象ではなく、否定を体験しながら肯定をめざすという意味でも、人間的陶冶の基本的な表現をも意味している。

2. ネガとポジ

　ほとんど無際限に映像化されていく現代の世界現象や文化現象のなかで、そ

うした問題局面を考えていると、種々の文化現象が気がかりになる。その事例として文字通り「ネガポ」という奇妙な流行語の世界もある。言葉のもつ否定性（ネガ）を限りなく回避し、肯定性（ポジ）へ転換する文化現象の一例でもある。白と黒からなるオセロゲームそのままに、暗い表現（ネガ）を避けて明るい面（ポジ）を前面に出そうとする職場等における声による直接的人間関係のひとつの用語法である。たとえば「毛髪」の有る人を基準にすれば、逆にその条件を欠いた人に対して用いられてきた「毛髪を欠いた人」、「ハゲ（禿）」という否定的表現を、両者の差異、差別をできるかぎり最小化した指示表現、「シャンプーを浪費しない人」と名指す。長すぎて歯切れが悪いが、ねらいは、否定的表現を含む慣例的な言葉からできるだけ否定性を消すことにある。同じような表現は、「いたずらばかりする」が「好奇心旺盛」、「おとなしい」は「じっくり物事を吸収中」等々とする。そうした用語が劇的に増えて流行するとも思えないが、「ネガポ」というその着想は現代の知覚文化を考えるとき、注目しておいてよい。事実、特にコマーシャリズム全般の傾向として実感するのは、それに類した異常なまでに丁寧で、必要以上に相手を持ち上げ、傷つけないような言語表現、さらにはそれのマニュアル化であり、少し注意すればだれもが経験している不気味さすら感じられる言語現象でもある。

　そうした言語的試みは、やはり圧倒的に拡張されている文字言語による身近な声言語の退行的現象のようにも見える。すでに述べたように、人間のコミュニケーションの間（ま）の取り方が変容してきている現代社会の一つの事例であるといえる。あるいは文字言語が優先することから生じるわれわれの知覚の変容化が、近接する対面的な人間関係における声文化の領域をそれだけ狭め始めてきている証左でもある。

　問われているのは、技術が必然的にもたらす言語を介した主体相互の距離のとり方、遠さと近さの関係それ自体が攪乱されてきている事態、技術社会が形成している遠近の間のとり方の異変である。一見すると言語のナイーブさが前面に出ているのだが、よく考えるとその場しのぎの仮の言葉でしかない。あえていえば、それらは言語による非差別化と差別化をかえって意識させる遠近法

的図式のもとにわれわれを立たせる。

3.「KY」の意味

その典型例ともいうべき事例が、いわゆる「KY」という流行語の社会的意味ではなかろうか。とりわけその語が与える深層の理由においてである。その語が「空気を読む」ではなく「空気を読めない」者に対する用語であること、そのかぎりで隠語的な否定が含意されていることがわかるまでにはしばしの時間を要する。今日流行の略語文化からすれば、せめて「KYN（空気読めない）」くらいの親切な配慮があってもよいではないかとも思えるが、むしろ人間関係における特定の人物に対する排除ゲーム、つまり関係全体をポジだとすると特定の人間を無（ネガ）視するというしかけがある。言語表示の背後に否定を封じ込めるいわば隠し味というべきものがあり、それはケータイ文化なしには生まれない言葉でもある。だからこそ人前では禁句にならざるをえず、直接会話では容易にその語を用いることを許さない冷ややかな響きが残るのである。たとえ現に一緒にそこに居合わせているときですら、文字（たとえばメールなど）を介して差別する人間を特化することも可能になる。圧倒的な文字文化を背景としたある種のブラックゲームでもある。事実、環境さえ整えばいつでも「いじ（虐）め」を可能にする言葉である。対話の場面では表に出ないが、文字言語を当て込んでいるだけに言葉がもつネガの面はきわめて悪質化するおそれが潜んでいる。

差別意識が消えていくこと、歴史的に差別語が社会の言語枠から消えてきたことは重要な面であり、そのもつ社会的意義を誰も疑わないであろう。しかし他方でそのような言語社会の必然的な傾向に反して、現実の対峙的な声の世界はどうだろう。差別の回避をそれとして相互に了解しながら、そうした現実に皮相な対応しかできない現実こそがむしろ問われるべきであろう。差別的な言葉を避けることで、暗黙のうちに現場の関係の直接性から離れたい、むしろ文字言語の世界に走るという傾向も現代文化の特徴である。さらに、ケータイ文化に熱中するという顰(ひそみ)に倣って、人間相互の距離感覚を次第に喪失し、逆に文

字言語を通して他者を差別するないしは差別すら気づかないような事態を浮上させる。

　文字言語の技術化による人間の「内面化」が圧倒的に個人意識を向上させてきた近代史からすれば、それによる個人間の差別的、対立的な社会環境が逆に拡大するという言語文化的状況がむしろ懸念される。

　ところで写真のフィルムにはネガとポジの両面がある。正確にはネガがないとポジも生まれないといえるが、どこまでもポジを前提としたネガでしかないとそこでは考えられている。しかしネガもまたそれ自体として実在しているのである。フィルム感光室にぶら下がっているフィルムはそれ自体で実在であるが、ポジ化されたその瞬間に、それ自体が無用になり、捨てられた存在になる。映画の作成者の紹介欄に、Negative Cutter という語がよく登場するが、それは一般にフィルム編集の専門家をさす。ほとんどネガに関わることでポジを引き出すというまさに陰（ネガ）の仕事であり、そこでの芸術的に優れた才能を要する世界である。どれを取りどれを捨てるかというまさに芸術的センスが問われる要職でもある。捨てられたコマは、たとえ無化されてもそれ自体は完全に無ではない。むしろ影であり、それ自体で隠れた芸術性を有する存在である。

　しかしネガそれ自体が存在として不要になってきているのが現代のデジタルカメラである。まさにケータイ・カメラの一機能でもあり、ポジ（陽画）がそのまま画像として形象化する世界（エレクトロニクスによるスペクトル：光の合成）である。ある意味では現代の歴史的な映像技術をもって、ポジティヴィズム（実証主義 positivism）の実現の最終地点にわれわれは立ち会っているのかもしれない。19世紀以来、ポジティヴィズムは元来、ネガティヴィズム（negativism）、すなわち無を基本とした形而上学的原理を基本とする伝統的な思想に対抗し、ついにはそれを克服することを目的とした思想である。言いかえれば、新たなエレクトロニズムにおけるスペクタクルの像（ポジ）は、影（ネガ）を痕跡として引きずる必要がなくなったことを意味している。そこでは、すべて真理は世界を実証化可能であるものとして理解する方向が見えている。あらゆるものが

理解可能であり、視覚化可能、さらには映像化可能だという信念に基づく文化観の確立である。

映像化不可能なものは真理ではないというこの原理は、概念や言葉の背後につねに付着しているはずの無の場所を無きものとし、それによって個人意識内の時間軸をも喪失させ、すべてを消費社会における同一の現在性へ集合させる方向を生み出しているように見える。すでにわれわれの周辺世界に次第に広まっているのであるが、身体における知覚の座標そのものが攪乱され、むしろ影におびえるという現象が起きても何ら不思議ではないのである。

4. むすびに代えて

J・デリダ (J.Derrida 1930-2004) が彼の最晩年期に、ことのほか「触覚」[13]に拘泥していたことに注目しておきたい。視覚が一元化する文化のなかで、われわれが無意識のうちにほとんど無際限に問われている場、それは「触覚」の感覚だという指摘である。おそらく味覚（食文化）をも含めてであるが、それは、映像文化がほとんど暴力的なまでにわれわれ人間に向けて呼び出すもの、そして人間から誘惑するもの、それは、映像が絶対伝達することのできない触覚の領域である。触覚こそが今後のわれわれにとって深刻な課題になるだろうという予言的な指摘である。世界が映像によって間接化すればするほど、他者にとって代替不能でしかない自己の直接性という実存的身体の場が飢え渇いてくるであろうことが、あえて哲学的思索の課題だとされるのである。そこに現代における視覚中心主義という知覚変容の巨大な課題が潜んでいるはずである。

「（メディアという）物神性の問いは、イデオロギーの問いと同じように、この（メディアの）幽霊性の議論の中心にある。」[14] 　　　　　　　（河上　正秀）

【註】
（1）D.J. ブーアスティン『幻影（イメジ）の時代』星野郁美・後藤和彦訳、東京創元社、1981年、14頁

（2）『枕草子』岩波文庫 167 段、223 頁
（3）ジャン・ボードリアール、マルク・ギョーム『世紀末の他者たち』塚原史、石田和夫訳、紀伊國屋書店、214 頁
（4）M・メルロ・ポンティー『眼と精神』滝浦静雄・木田元訳、みすず書房、1975 年、255 頁
（5）『グーテンベルクの銀河系：活字人間の形成』M・マクルーハン著、森常治訳、みすず書房、1992 年、380 頁
（6）W-J・オング『声の文化と文字の文化』桜井直文他訳、藤原書店、1991 年、154 頁以下
（7）M・ハイム『仮想現実のメタフィジックス』田畑暁生訳、岩波書店、1995 年、102 頁
（8）M・マクルーハン『メディア論』みすず書房、栗原裕・河本仲聖訳 1987 年、7 頁以下
（9）M.Heidegger, Vorträge und Aufsätze, 1985. S.9.『技術論』小島威夫他訳、理想社、18 頁
（10）ibid., S.23ff. 同上邦訳書 37 頁以下
（11）M・ハイデガー『形而上学入門』川原栄峰訳、理想社、1985 年、266 頁
（12）M・ポンティー『見えるものと見えないもの』滝浦静雄、木田元訳、1989 年、みすず書房、337 頁
（13）ジャック・デリダ『触角、ジャン＝リュック・ナンシーに触れる』松葉祥一他訳、青土社、2006 年
（14）ジャック・デリダ＋ベルナール・スティグレール『テレビのエコーグラフィー：デリダ〈哲学〉を語る』原宏之訳、2005 年、201 頁

【引用・参照文献】
M・ポンティー『眼と精神』滝浦静雄・木田元訳、みすず書房、1975 年
M・ハイデガー『技術論』小島威夫他訳、理想社、1983 年
W-J・オング『声の文化と文字の文化』桜井直文他訳、藤原書店、1991 年
H・L・ドレイファス『インターネットについて：哲学的考察』石原孝二訳、産業図書、2002 年
河上正秀『行為と意味―技術時代の人間像』未知谷、1993 年

コラム：五感（官）について

　歴史上初めて感覚論について探求したのは、アリストテレスの『霊魂論』であり、それがもたらした後世の思想への影響は計り知れない。この書で、人間という種族がつねにそれらを用い、生きているいわゆる五感についての全体的概要が、視覚、聴覚、嗅覚、味覚、触覚の順で説明される。それらの各感覚は、ほぼ身体の上位から下位にかけてのわれわれの眼、耳、鼻、口、手その他の各器官にしたがって概説され、それら各感覚のうち視覚、聴覚、嗅覚の三つの感覚が対象との間に身体の一定の距離を必要とするため、間接性（媒体・距離）を保ち、味覚と触覚が身体との直接性においてあることが指摘される。

　このようなアリストテレスの感覚論は、生命体と霊魂（心）との一元化の下で展開されているが、いわゆるデカルト（R.Descartes 1596-1650）らの近代哲学史においては、心と物体（外的自然）の分離による物心二元論、さらには心と身体（内的自然）の分離による心身二元論が基本とされた。また視覚や聴覚などの部位が近代の道具の発達史を創出する拠点にもなり、レンズの発明や印刷術さらには写真、映画、電信、電話などの技術をもたらした。そこに五感の思想がもたらす人間と自然との媒体（メディア）のその後の歴史的位相もある。そのため逆に、味覚や触覚の意義、あるいは他のすべての感覚に通底している触覚の意義を見直すことで、生命主義（vitalism）によるアリストテレス的な一元論的思想が主張されもしている。

　また彼は、五感の各層が対象と一対一で対応しているわけではないことも指摘し、各感覚が相互に関連して初めて世界を経験できることを「共通感覚」としたが、これが「常識（コモン・センス common sense）」の語の由来であり、社会や集団における倫理的関係において、歴史上多様に受けとめられてきた。知覚における偏重が日々指摘されるわれわれの時代に、これもまた現代文化に問いかける重要な用語である。

事項索引

あ 行

アイデンティティー　59
アイヒマン実験　73
アクセシビリティ　33
アクターネットワーク　44
依存　24, 25, 132
依存労働　26
遺伝子操作　57, 70
医療化　56
インペアメント　32, 40
「内」(家、職場など)と「外」(いわゆる自然環境など)　49
エーレクトラー・コンプレックス　167
エホバの証人　116
エンパワーメント　20, 42
エンハンスメント　55
オイディプス・コンプレックス　167
大きな物語　178

か 行

絵画作品　153, 170
会話言語　198
顔　194
科学革命　172
科学技術　171
書き言葉　197, 198
確率　185, 191
家族の崩壊　125
活動　87
神の愛　146
仮面　194
観念論　168
機械論的自然観　173
機械論的自然理解　172
企業の社会的責任　41
技術　43, 201
技術者倫理　136
逆擬人化　85

共感　61
共生　14
共生社会　14
共通感覚　201, 213
共同感情　64
議論　109
空気　80, 83, 86, 107, 209
　――を読む　81
偶然　191
愚行権　118
ケア　28
啓蒙主義　176
ケータイ　193
健康　56, 76
現象学　203
交換価値　96
公共空間　34
交通バリアフリー法　34
高等教育　92
合理主義的自由　120
五感　199, 213
国際障害者年　19
国際障害分類　32, 40
国際生活機能分類　32
国民国家　94
子ども解放論　125
子どもの権利条約　123, 125
個の尊厳　132, 134
コンプライアンス　73, 84

さ 行

再帰性　181
参加型デザイン　47
視覚　199
自己決定権　41
実証主義　168
実存哲学　105
社会構成主義　43
自由　117

習慣　140
自由主義（リベラリズム）　115,118
出生性　57
出生前診断　57,70
消極的自由　120
消極的パターナリズム　123
常識　213
情動　144
情念　62
触覚　199,211
自律　22,41,120
人格　22,97
　　──の改変　60
心身二元論　213
身体　196
神秘主義者　147
心理学的事象　140
人類愛　146
図式　144
生活機能・障害・健康の国際分類　32,40
生活世界　3
正義　23
世界内存在　42
責任　26,58,67
世間　84
積極的自由　120
積極的パターナリズム　123
全体主義　86
創造的情動　144

た　行

大学　94
大学生　92
対峙図法　193
大衆　107
他者危害の原則　118
単独者　108
鳥瞰図法　192
追感得　64
強いパターナリズム　122
ディスアビリティ　32,40
適正技術　139
デザイナーベビー　70
ドイツ観念論　98
同一律　207
道具　202,204
討論　109
ドクサ　87
トポス（場所）　4

な・は行

ナチス　74,77
人間の尊厳　146
認知的共感　63
ネーション　94
ネガティヴィズム　210
ネガポ　208
ノエシス　203
ノエマ　203
ノーマライゼーション　16
ハートビル法　34
媒体　203
パターナリズム　114,115
話し言葉　197
バリアの再生産　36,37
バリアフリー　34
バリアフリー法　34
パレンス・パトリエ　124
ハンディキャップ　32,40
非認知的共感　63
病気　56
平等　22,23
開かれていること　144
フェミニズム　15
付加価値　96
服従実験　73
不合理主義的自由　120
物心二元論　213
プロフェッション　137
プロプラノロール　53
ベルリン大学　98
誇り　136
ポジティヴィズム（実証主義）　210
ポストモダン　178,179

事項索引　215

ボローニャ大学　94
ホロコースト　59, 74
本来性　108
本来的な自己　107

ま・や・ら行

交わり　67, 92, 105, 110
マス・スクリーニング　70
矛盾律　207
無知の自覚　90
メディア（媒体）　107, 199, 202
目的論的自然観　173
目的論的自然理解　172
文字言語　198
モダン　178
問答法　91
優生学　17
優生思想　70
ユニバーサルデザイン　34, 51, 139

よく生きる　3, 126
弱いパターナリズム　122
リーガル・モラリズム　122
リスク評価　184
理性　66, 67, 120, 178～180, 182, 184
リプロダクティブ・ヘルス／ライツ　70
良心　64, 66
倫理綱領　137

3D　200
3K　200
CSR　41
ICF　32, 40
ICIDH　32, 40
KY　209
nation　113
PTSD　52
SSRI　53
WHO　32, 40

人名索引

あ・か行

アーレント, H.　57
アイスキュロス　162
アイヒマン, アドルフ　73
青木繁　153
阿部謹也　84
アベラール　97
アリストテレス　173, 201, 213
アレント, ハンナ　74
ウィナー　45
ウェーバー　113
エウリピデス　162
オイディプス　162
カス, L. R.　58
加藤尚武　120
川内美彦　36
カント　98
キテイ, エヴァ・フェダー　24

ギデンズ　177, 181
九鬼周造　151, 191
クレイマー, P.　60
小林秀雄　151

さ・た

サンデル, M.　57
シェーラー　64
シェルスキー　104
スミス　61, 62
セザンヌ, ポール　158
ソクラテス　3, 90
ソポクレス　162
立岩真也　21
テーヌ, イポリット　99
デカルト　98, 173, 213
デリダ, J.　211
ドゥグラツィア　60
トフラー, アルビン　152

216

トロウ　92

な・は

中村直美　129
ニーチェ，フリードリッヒ　167
ニィリエ，ベンクト　18
新渡戸稲造　151
ハート，H. L. A.　12, 122
バーリン　120
ハイデガー，M.　42, 203
ハバーマス　57
バンク－ミケルセン，ニルス・エリク　17
ピットマン，R. K.　53
ヒューム　61
フィヒテ　98, 101
ブーアスティン，D. J.　206
プラトン　3, 90
フロイト　166
フンボルト，ヴィルヘルム・フォン　98

ヘーゲル　98, 178
ベーコン　98, 175
ベック　190
ベルクソン，アンリ　136

ま・や・ら行

マクルーハン，M.　202
マルクス，カール　152
ミル　128
ミルグラム，スタンレー　73
メイス，ロン　37
メルロ・ポンティー　197, 203
ヤスパース　66, 103, 105
山本七平　83
ライプニッツ　98
リオタール　177, 178
レヴィナス，E.　194
ロック　98, 123

執筆者紹介 (執筆順)

【編　者】

河上　正秀（かわかみ　しょうしゅう）（第10章）
1943年生。筑波大学名誉教授、元放送大学客員教授
［研究領域］ドイツ近現代思想、技術倫理思想
［主な業績］『他者性の時代――モダニズムの彼方へ』（編著、世界思想社、2005年）、『ドイツにおけるキルケゴール思想の受容――20世紀初頭の批判哲学と実存哲学』（創文社、1999年）、『行為と意味――技術時代の人間像』（未知谷、1993年）、その他。

小林　秀樹（こばやし　ひでき）（第1章）
1971年生。淑徳大学総合福祉学部准教授
［研究領域］現象学、倫理学、倫理教育
［主な業績］『子ども支援の現在を学ぶ　子どもの暮らし・育ち・健康を見つめて』（共著、みらい、2013年）、「倫理と道徳教育の基礎づけについて――ノディングズのケアリングの倫理を手がかりとして――」（『哲学・思想論叢』第29号、筑波大学哲学・思想学会、2011年）、「『生命医学倫理』における共通道徳理論の展開」（『倫理学』23号、筑波大学倫理学研究会、2007年）、その他。

【執　筆　者】

魚谷　雅広（うおたに　まさひろ）（第2章）
1976年生。淑徳大学・高崎経済大学他非常勤講師。博士（文学）
［研究領域］実存思想、社会倫理学
［主な業績］「ハイデガーにおける身体の問題」（『哲学・思想論叢』第24号、筑波大学哲学・思想学会、2006年）、「自立性と二義性　――ハイデガーとレーヴィットにおける「他者」――」（『倫理学年報』第57集、日本倫理学会、2008年）、「「つながり」について考える　――適切な態度をとっていくために――」（『倫理学』第27号、筑波大学倫理学研究会、2011年）、その他。

大石　桂子（おおいし　けいこ）（第3章）
高崎健康福祉大学健康福祉学部医療情報学科准教授。博士（文学）
［研究領域］近現代西洋倫理思想、生命倫理学
［主な業績］「合意形成における"意味の不確定性"――医療の場での合意形成に関する一考察――」（『高崎健康福祉大学紀要』第12号、2013年）、「記憶に対する薬理的介入――ヤスパース哲学からの考察――」（『倫理学』第28号、筑波大学倫理学研究会、2012年）、

「ヤスパースの「形而上的な罪」──ウェーバーとカントをめぐって──」(『コミュニカチオン』第 13 号、日本ヤスパース協会、2004 年)、その他。

出雲　春明（いずも　しゅんめい）（第 4 章）
1981 年生。聖心女子大学・高崎健康福祉大学非常勤講師。博士（文学）
[研究領域] 政治・社会思想、倫理学。
[主な業績]「誕生としての行為──アレントのアウグスティヌス解釈を手掛かりにして」(『倫理学年報』第 57 号、日本倫理学会、2008 年)、「物語と救し──アレントにおける<誰>の問題」(『哲学・思想論叢』第 27 号、筑波大学哲学・思想学会、2009 年)、「子どもへの責任をめぐる二つの政治的言説──アレントとヨナス」(『倫理学』第 26 号、筑波大学倫理学研究会、2010 年)、その他。

吉田　真哉（よしだ　しんや）（第 5 章）
1979 年生。立正大学非常勤講師、筑波大学事務補佐員（旧助手相当）。博士（文学）
[研究領域] ヤスパース哲学、コミュニケーション論
[主な業績]『存在の意味への探求』(共著、秋山書店、2011 年)、「ヤスパースの実存概念再考」(『倫理学年報』第 57 集、日本倫理学会、2008 年)、「実存哲学の軌轍」(『哲学・思想論叢』第 25 号、筑波大学哲学・思想学会、2007 年)、その他。

鈴木　康文（すずき　こうぶん）（第 6 章）
1956 年生。石川工業高等専門学校一般教育科教授。博士（文学）
[研究領域] 現象学、応用倫理
[主な業績]：「フッサール身体論における立脚点の問題」、(『哲学』第 39 号、日本哲学会 1989 年)、「フッサール身体論におけるキネステーゼ概念──自由論への手がかりとして──」(『倫理学年報』第 41 集、日本倫理学会、1992 年)、「メディウムを語るフッサール──現象学的身体論の課題と意義──」(『理想』第 667 号、理想社、2001 年)、その他。

永野　拓也　（ながの　たくや）（第 7 章）
1967 年生。熊本高等専門学校熊本キャンパス共通教育科教授。博士（文学）
[研究領域] ベルクソン研究、フランス科学認識論研究
[主な業績]『合理性の考古学』(共著、東京大学出版会、2012 年)、『ベルクソンにおける知性的認識と実在性』(北樹出版、2011 年)、« Représentation physique et réalité de la matière : sur la confrontation de la philosophie bergsonienne avec la relativité restreinte », *Annales Bergsoniennes VI*,Puf, 2013.、「ベルクソンにおける理論的モデルと実在」(『フランス哲学・思想研究』no.14、日仏哲学会、2009 年)、その他。

菅野　孝彦（かんの　たかひこ）（第8章）
　1956年生。東海大学文学部文明学科教授
　［研究領域］ドイツ哲学・思想、倫理学
　［主な業績］『ロゴスを超えて』（弘学社、2006年）、『ホメオスタシスのゆくえ』（共編著、東海大学出版会、2007年）、「フィンセント・ファン・ゴッホにみる絵画と思索との架橋」（『哲学・思想論叢』第26号筑波大学哲学・思想学会、2008年）、その他。

馬場　智理（ばば　ともみち）（第9章）
　1973年生。放送大学・つくば国際大学他非常勤講師。博士（文学）
　［研究領域］実存思想、現代倫理学、時間論
　［主な業績］「絶対他者に関わるということ」（『実存思想論集』第20号、実存思想協会編、2006年）、「死と再生の論理——田辺哲学におけるキルケゴール思想との出会い」（『求真』第15号、求真会、2008年）、「「自分で決めること」は自由な行為か？——生命倫理をめぐる自己決定の問題」（『研究紀要』第17号、つくば国際大学、2011年）、その他。

（2014年3月現在）

変容する社会と人間──実存のトポスを求めて

2014 年 4 月 30 日　初版第 1 刷発行
2016 年 4 月 1 日　初版第 3 刷発行

編著者　河上　正秀
　　　　小林　秀樹
発行者　木村　哲也
印刷　富士見印刷／製本　川島製本

発行所　株式会社 北樹出版
〒 153-0061　東京都目黒区中目黒 1-2-6
URL：http://www.hokuju.jp
電話(03)3715-1525(代表)　FAX(03)5720-1488

©2014, Printed in Japan　　ISBN 978-4-7793-0426-2
（落丁・乱丁の場合はお取り替えします）